女书跨文化传播研究

徐 巧 著

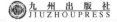
九 州 出 版 社
JIUZHOUPRESS

图书在版编目（CIP）数据

女书跨文化传播研究/徐巧著 . --北京：九州出
版社，2025.1. -- ISBN 978-7-5225-3509-8

Ⅰ. H123

中国国家版本馆 CIP 数据核字第 20259RP176 号

女书跨文化传播研究

作　　者	徐　巧 著	
责任编辑	曹　环	
出版发行	九州出版社	
地　　址	北京市西城区阜外大街甲 35 号（100037）	
发行电话	（010）68992190/3/5/6	
网　　址	www. jiuzhoupress. com	
电子信箱	jiuzhou@jiuzhoupress. com	
印　　刷	华睿林（天津）印刷有限公司	
开　　本	710 毫米×1000 毫米　　16 开	
印　　张	11	
字　　数	168 千字	
版　　次	2025 年 1 月第 1 版	
印　　次	2025 年 1 月第 1 次印刷	
书　　号	ISBN 978-7-5225-3509-8	
定　　价	68.00 元	

前　言

女书，是世界文字史上的奇观，是现存唯一的女性文字，记录了中国江永县及其周边女性的独特生活经历，展现了她们的智慧与情感，是中华民族乃至全人类的文化遗产与瑰宝。随着全球化与数字化的不断推进，"一带一路"倡议的深入实施，中国传统文化面临着前所未有的国际传播机遇与挑战。在此背景下，以女书为代表的中国非物质文化遗产，如何以活态传承的姿态实现跨文化传播，如何讲好中国故事，传播好中国声音，展示好中国形象，如何促进世界文化的多元发展等，是我们理应思考的新时代使命。

本书以传播学家拉斯韦尔的"5W传播模式"为理论模型，将女书置于全球化的背景下，从跨文化传播的视角对其进行深入探讨。研究采用文献资料法、田野调查法、深度访谈法、NVivo辅助质性分析法等多种方法，通过节点计数、多维话语解析、动态编码展示，对女书跨文化传播的理论阐释、文化概述、现状及困境、发展策略等方面进行了系统研究。

首先，本书对跨文化传播相关理论进行了梳理，确定了"5W传播模式"的研究模型，并对女书的概念进行了界定，涵盖女书文字、女书核心流传区的风俗习惯，以及女书所展现的独特思想情感及价值理念。女书跨文化传播的实质是不同文化背景的个人或组织以女书为内容进行的人际交往与信息传播活动。

其次，本书对女书文化进行了全面概述，提出应顺应时代扩充女书内涵，将女书文字、女书习俗和女书精神一体化看待。著者从起源及背景、文字符号、民俗文化、女性主义思想四方面对女书进行了全貌性的展现与解析，并将数字化虚拟空间纳入女书文字符号载体。

再次，本书从传播主体、传播内容、传播载体、传播受体四个方面分析了女书跨文化传播的现状及困境。女书跨文化传播呈现多元化格局，但也面临着各自的困境与挑战。传播内容仍以表层符号为主，深层次的女书核心精神传播受到限制。传播载体主要依赖线下，线上传播载体与线下传播载体融合不足。传播受体方面，女书的跨文化传播吸引了广泛参与，但文化理解与认同障碍依然存在。

最后，本书提出了女书跨文化传播的理论发展策略，包括构建多元主体共治模式、传播女书核心精神、拓展数字化传播载体、推行差异化文化阐释等，以期推动女书在全球范围内的传播与共享。通过这些策略，希望能够更好地实现女书的活态传承，促进世界文化的多样性和丰富性。

希望本书不仅能够为女书的跨文化传播提供理论支持和实践指导，而且能够激发更多学者、文化传播者、政策制定者以及社会大众对女书文化的兴趣和关注。我们期待本书能作为一座桥梁，连接不同文化背景的人们，促进跨文化的对话和理解，为构建一个更加包容和多元的世界文化生态做出贡献。

目 录

绪　论

第一节　研究缘起与意义

一、研究缘起

女书，作为举世仅存的女性文字，既是中华民族的文化财富，也是全人类共有的文化瑰宝。女书，亦称江永女书，是湖南省江永县上江圩镇及周边地区女性间传承并为女性专用的一种以独特表音文字体系为核心的社会文化现象。自 20 世纪 80 年代初被重新发掘至今，女书一直得到全球媒体和学者的广泛关注。于 2005 年被吉尼斯世界纪录登载为全球"最具性别特征的文字"，又于 2006 年被评为中国首批国家级非物质文化遗产。如今，女书的研究者分布全球各地。

自 2008 年接触女书以来，著者对透着隐秘却坚毅光芒的女书产生了浓厚的兴趣，于是参加女书研学班，拜师"世界女书研究第一人"周硕沂嫡传弟子周善强，走访蒲丽娟、胡欣等一系列女书非物质文化遗产传承人，多次深入江永及周边地区进行田野调查，掌握了关于女书的第一手材料，有机会听到民间真实的声音。著者所看到的真实的女书所折射和反映出的问题是普通人从大众传媒或一般专家学者那里无法得知的，然而这些问题对于时下的非物质文化遗产保护、女书传承与传播又是如此重要。这些前期研究为著者对女书的深入探究构筑了稳固的基石。

二、研究意义

2014 年，女书学者宫哲兵与时任美国总统的奥巴马会面时提议，应将女书文化囊括到世界文化研究体系之中。当前，女书的跨文化传播面临着巨大的机遇与挑战。"女书以女字为基础，涉及方言、口头文学、唱读表演、女红、女性社交习俗、信仰等多方面的文化事项，形成了独具特色、内涵丰富、形态多样的女书文化，几乎包括了国际分类所定义的非物质文化遗产的五大类型。"① 女书是极具代表性的非物质文化遗产，在全球化的大背景下，构建女书的跨文化传播策略框架，并进行理论解析或实践探索，是十分有必要的。

本书主要通过对女书的阐释，以及对女书跨文化传播的现状及困境的分析，回答关于"女书跨文化传播的无缝对接、追求文化多元目标、促进女性主义发展"等问题。既能够拓宽女书的研究领域，将女书的理论研究置于全球化时代的潮流下引向深入，并实现女书内容与形式的创新，完成自身的"涅槃重生"；又助推非物质文化遗产传承与传播等相关研究，改进其传播策略，为各民族非物质文化遗产在世界的传播探索思路，谋求方法；还助力于促进女性主义和全球多元文化的发展。本书的科学性、针对性和可操作性，使其具有跨领域、跨学科、跨文化研究的价值。

第二节　女书研究综述

宫哲兵的《关于一种特殊文字的调查报告》论文的发表，使女书文化在1983 年顷刻间受到了中国及国际学术界的广泛关注。截至 2022 年 12 月，研究以"女书""Nushu""Nüshu"为主题词，在 CNKI，KNU Discovery，Semantic Scholar，RISS 等数据库进行检索，共获得中文文献 1320 篇、外文文献 178 篇（见图 0 - 1）。研究涉及语言学、人类学、地理学、心理学、文学、民俗学、计算机科学、女性主义、教育学、美术学、音乐学等领域，研究者遍布中国、美国、日本、意大利、加拿大、法国、澳大利亚、韩国等国家，其中，海外最早关注到女书的是法国学者拉斐尔·雅克（Raphaël Jacquet）②。

---

① 何华湘. 非物质文化遗产的传播研究：以女书为例 [D]. 上海：华东师范大学，2010：3.

② Jacquet Raphaël. Le nüshu：une forme de sous-culture féminine [J]. *Perspectives Chinoises*，1992（3）：37—39.

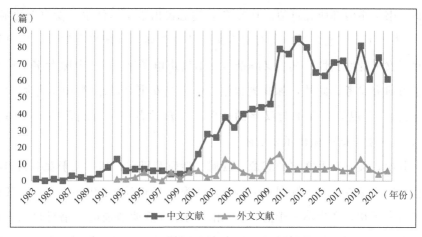

图 0 - 1　1983—2022 年全球载文数量年度分布图

一、中国女书研究现状

自 1983 年起始，中国学术界针对女书的研究就从未中断，无论是在研究深度上还是在广度上都展现出蓬勃向上的发展势头，从最初的对女书本身的研究逐渐拓展至多个学科交叉融合的综合研究。

（一）女书本体相关研究

1. 女书文字相关研究

首先，关于女书资料的搜集整理及工具书编撰研究，宫哲兵、赵丽明、谢志民、周硕沂等学者对此有较为突出的建树。标志着女书正式进入学术领域的事件是 1983 年宫哲兵发表了第一篇女书论文——《关于一种特殊文字的调查报告》。同年，他又在美国举办的第 16 届国际汉藏语言学会议上首次向海外介绍女书，并与严学宭共同发表论文《湖南江永平地瑶文字辨析》。宫哲兵多年收集整理大量女书原生态资料，1985 年汇编出版《女书调查原始材料汇编》。2007 年，宫哲兵联合唐功暐编撰《女书通》，实现女书汉字互译。清华大学赵丽明教授整理所收集女书原始材料，1992 年主编《中国女书集成：一种奇特的女性文字资料总汇》。此后，清华女书抢救小组重新整理数千件女书文献，并于 2005 年出版《中国女书合集》。该书原始资料丰富翔实，包含大量女书文本、背景材料及女书字表，为后来女书学者的研究提供了有力的支撑。2006 年张秀荣、郭垫、赫景泉出版《女书用字比较》，解析女书文字内部研究价值。1991年，谢志民出版了《江永"女书"之谜》（上、中、下）三卷，其中所有文本采用原件复印，并配发音解读，尽可能留存了女书的原真性；其后又编撰《女书发声电子字典》《中国女字字典》，供学习研究参考。此外，陈其光根据500多篇女书文献编撰2006年版《女汉字典》，直观显示女书与汉字的关联。江永学者周硕沂编著的《女书字典》，也对女书研究做出重要贡献。

其次，关于女书文字的起源、族属、性质等研究，其中关于女书的起源时代问题，学界存在不同观点。宫哲兵认为，女书不属于先秦古文字，其盛行于清末民初，产生不早于清代。① 由于尚未发现明清前的女书材料，该观点获得一定认同。赵丽明通过分析女书文字特点，认为其不可能太古老，应产生于中古以后。② 这与宫哲兵的观点基本一致。谢志民认为，女书是古老文种，是中华古越文字的残存和演变。③ 潘慎等则认为女书是母系社会文化遗存，是甲骨文的母字，比甲骨文更古老。④ 李荆林讨论了史前陶器刻画符号和女书两大谜团，运用女书构字原则分析陶器符号，并以陶器推断女书起源，提出两者具有衔接的可能。⑤

关于女书文字的族属和性质问题，学界存在不同观点。宫哲兵认为女书为"表音音节文字"，是一种记录当地汉语方言的方言文字；其形体与汉字相似却有区别，大量借用汉字但进行改造。⑥ 此观点获得了一定认同。赵丽明认为，女书是汉语方言文字，有异形汉字、表音文字、女性文字三大特点；她认为女书是记录本地方言的表音文字，是汉字楷书传承变异，字源95％来自方块汉字。⑦ 黄雪贞等从方言学角度详述江永方言与女书关系，认

---

① 宫哲兵.江永女书是甲骨文时代的古文字吗？[J].零陵学院学报，2003（1）：66.
② 赵丽明.女书与女书文化 [M].北京：新华出版社，1995：38.
③ 谢志民."女书"是一种与甲骨文有密切关系的商代古文字的孑遗和演变 [J].中央民族学院学报，1991（6）：59—64.
④ 潘慎，梁晓霞.原始母系社会的文化：江永女书 [J].山西大学学报（哲学社会科学），2003（4）：72—77.
⑤ 李荆林.女书与史前陶文研究 [M].珠海：珠海出版社，1995：187.
⑥ 宫哲兵.妇女文字和瑶族千家峒 [M].北京：中国展望出版社，1986：39，99.
⑦ 史金波等主编.奇特的女书：全国女书学术考察研讨会文集 [G].北京：北京语言学院出版社，1995：87.

为必须结合方言研究才能对女书进行合理解析。①

2. 女书文学相关研究

赵丽明将女书归类为独特的民间文学，并从多个方面探讨了女书的民间文学特质，② 开启了从民间文学视角研究女书的先河。她认为，女书是一种"苦情文学"，在男权社会之下，女书成为女性表达内心情感、释放自我的载体；女书的核心在于抒发苦楚，这种行为具有正面意义，是女性的娱乐及享受；女书标志着女性觉醒，蕴含自由精神。③ 刘守华首次从民间文学角度考察女书叙事诗，揭示其浪漫主义色彩，他高度评价女书所具备的独特的民间文学价值。④ 纪军的硕士论文再次从民间文学视野研究女书叙事诗，从女权主义批评角度解析其女性主义色彩。⑤

3. 女书习俗相关研究

赵丽明结合当地习俗解析女书文化魅力；⑥ 谢明尧等首次全面概述女书习俗内涵，分析其与古越文化习俗关联；⑦ 彭建华以女书文本和专家访谈为基础，对女书涉及的诸多民俗事项展开文化解读，从民俗的生活属性出发，彭建华认为女书"是一种民间妇女的特殊民俗生活文化"⑧。除此之外，王凤华的《女书及其民俗文化的深刻内涵》等也对女书习俗进行了相关研究。

（二）女书跨学科相关 研究

1. 女书传承与传播相关研究

（1）关于女书的传承研究。自女书被重新发掘以来，政府与众学者可谓是群策群力。贺夏蓉通过文本分析、田野调查，深入探讨女书传承危机，从文化生态角度思考保护工作。⑨ 祝翔认为数字技术为女书保存、应用、传承

① 远藤织枝，黄雪贞．女书的历史与现状：解析女书的新视点［M］．北京：中国社会科学出版社，2005：192－193.

② 赵丽明．"女书"：一种特殊的妇女文学［M］∥宫哲兵．妇女文字和瑶族千家峒．北京：中国展望出版社，1986：61－84.

③ 谢明尧，赵丽明．女书读本［M］．长沙：湖南人民出版社，2008：18.

④ 刘守华．湖南江永"女书"中的民间叙事文学［J］．民间文学论坛，1992（3）：13－17.

⑤ 纪军．女书叙事诗与女性叙事［D］．武汉：华中师范大学，2004.

⑥ 赵丽明．女书与女书文化［M］．北京：新华出版社，1995.

⑦ 谢明尧，贺夏蓉，等．女书习俗［M］．长沙：湖南人民出版社，2008.

⑧ 彭建华．江永女书的民俗文化解读［D］．西宁：青海师范大学，2008.

⑨ 贺夏蓉．多重视角下的女书及女书文化研究［D］．武汉：华中师范大学，2011.

提供了新可能。① 除此之外，关注女书传承主题的还有黄梅荣②、刘忠华③等。

（2）关于女书的传播研究。随着时代的发展与科学技术的革新，学者们逐渐拓宽视野，尝试将互联网相关技术与女书相结合进行研究。早期的论文有赵丽明的《女书的教学与传播》、汤宏建的《"女书"的传播学价值》等。后期代表性的论文有何华湘的《非物质文化遗产的传播研究——以女书为例》，作者从传播学的视角对女书保护作了理论解释，提出务实策略。陈子燕的《刍议女书文化传播模式的现状》在分析了女书的传播特征与模式的前提下，指出了现代女书文化传播中出现的问题以及改进设想。谭世平则通过《新媒体时代江永女书的传播模式构建》指出口头传播限制了女书传播，需要构建网络社群进行创新传播。廖静的《基于女书文化的数字多媒体展示形式研究》着重对数字多媒体应用于女书展览的创新思路、多媒体展示形式设计实践进行了探讨。

（3）关于女书的跨文化传播研究可谓乏善可陈。最早将女书研究引向跨文化传播视角的是谭文若的《从"女书"现象看跨文化有效传播的基础》，该文借由女书未与外界的文化系统进行传播的文化缺失现象来反向探讨跨文化有效传播的基础。李异平、赵艺哲的《女书跨文化传播的话语分析——以〈雪花和秘密的扇子〉在海外的传播为例》，虽以跨文化传播为视角，但实质上是运用批判话语分析理论揭示小说中微观文化层面的话语符号与阐释性话语模式，侧重点在"话语分析"而非单纯以背景出现的"跨文化传播"。谭世平 2021 年发表的《江永女书的跨文化传播对策思考》是全球唯一一篇相对系统性地从跨文化传播视角探讨女书现状与发展路径的文章。论文对江永女书的跨文化传播形式、江永女书的跨文化传播现状、江永女书的跨文化传播策略三个方面进行研究，着重对女书的跨文化传播状况进行了有效的梳理，在女书的跨文化传播领域具有开创性的研究成果。

---

① 祝翔. 数字化时代中国女书的保护与传承 [J]. 当代传播，2014（4）：87—89.

② 黄梅荣，黄锋华. 数字媒体影像技术对女书的活态保护和开发应用初探 [J]. 大家，2010（11）：83—84.

③ 刘忠华. 江永：努力实现女书文化的可持续发展 [J]. 民族论坛，2008（4）：63.

2. 女书艺术审美相关研究

（1）在女书美术研究方面，何红一从装饰艺术角度探讨女书与当地民间文化的关系，撰写了多篇相关论文。她主张，女书不仅是文字系统，还是包含字符和图案的文化体系。① 她尝试通过解析女书图案的规律，破解女书之谜。段圣君和龚忠玲探讨了女书图案与其他民间图案的关联②，周飞战研究了女书造型与稻作文化的关系③。

（2）在女书书法研究方面，王澄溪编撰的《澄溪女书书法字帖》对女书字符进行了艺术创新设计。郎丽从文字设计角度对女书字体特征进行了概括和设计尝试。④ 冯继红比较研究了西夏文和女书的书法文化。⑤ 杨叶青探讨了女书书法的源流以及女书与传统书法的糅合。⑥

（3）在女书音乐研究方面，张樱⑦和廖宁杰⑧都着重分析了女书的旋律特点和曲调特点。谭瑶除了阐释女书音乐意蕴，还探讨了如何更好地传承和创新此特殊的音乐文化。⑨ 宋欣则对女书音乐的内涵、特征、功能及应用进行了全面解析，并提出女书音乐传承发展的可行措施。⑩ 廖宁杰还研究了女书"坐歌堂"的仪式及其音乐特点。⑪

3. 女书其他方面的研究

除了以上研究领域外，女书研究逐渐囊括更多的学科和理论。例如，何胜保的《体育人类学视阈下江永女书文字中歌舞鸟图腾文化解析》、谢燮的《语言生态学视野下的女书词汇探究》、贺夏蓉的《文化生态视野下的女书及

① 何红一. 神秘图案与神秘文字：女书"八角花"图案的文化破译［M］∥［日］远藤织枝，黄雪贞. 女书的历史与现状：解析女书的新视点. 北京：中国社会科学出版社，2005：164.
② 段圣君，龚忠玲. 女书图案设计与瑶族图案的联系［J］. 艺术与设计（理论），2008（4）：72－74.
③ 周飞战. 稻作文化背景下的女书造型研究［J］. 艺术教育，2008（4）：126－127.
④ 郎丽. 基于女书的文字设计研究［D］. 北京：中央美术学院，2007.
⑤ 冯继红. 汉字文化圈西夏文、女书书法文化研究［D］. 北京：中央民族大学，2012.
⑥ 杨叶青. 湖南江永女书的书法研究［D］. 长沙：湖南师范大学，2017.
⑦ 张樱. 湖南江永"女书"音乐研究［D］. 武汉：武汉音乐学院，2006.
⑧ 廖宁杰. 女书民歌的音乐特点［J］. 艺术教育，2007（8）：84－85.
⑨ 谭瑶. 湖南江永县"女书"音乐的传承与创新［J］. 黄河之声，2015（22）：82.
⑩ 宋欣. 女书音乐的特征及"活态"传承［D］. 长沙：湖南师范大学，2018.
⑪ 廖宁杰. 女书"坐歌堂"的仪式及音乐研究［J］. 艺术评鉴，2017（17）：22－23.

女书文化保护模式探析》、乐伶俐的《女书：教育学的审视》、彭阳的《女书：瑶族女性心理需求的一面镜子——需要层次理论视角下的女书》、钟云萍的《江永女书的法文化探析》、吴小勇、肖海青的《女书与瑶族文化的旅游品牌塑造》、周红金的《女性主义视角下的江永女书文化研究》等，分别涉及体育人类学、语言生态学、文化生态学、教育学、心理学、法学、旅游管理、女性主义等相关学科和理论。

尤其值得关注的是，在数字化浪潮下，逐渐涌现出一批关注数字化技术与女书结合的学者。例如，廖静[①]关注"女书数字化展示研究"；黄梅荣[②]关注"女书数字影像技术研究"；夏三鳌[③]关注"女书动画设计研究"；李云超[④]、王鹏[⑤]关注"女书文字数字化研究"等。

二、海外女书研究现状

随着女书声名赫奕，大批量的海外专家学者开始涌入江永进行"女书"实地考察。由于女书被重新发掘之际全球学术界对其的了解均处于空白状态，所以海外女书的研究也经历着从对女书本身的文字、文学、习俗等进行基础性研究，过渡到对多个学科领域的交叉研究。

（一）女书本体相关研究

日本学者远藤织枝（Endo，Orie）从1993年至2005年，几乎每年开展女书调查，发表相关研究报告。她在对比分析了女书、日本平假名以及朝鲜文字后认为，这三者都与无法获得汉字教育权的女性有密切关系，但女书更彰显了女性创造文化、保护自身的强大力量。[⑥] 远藤织枝还将君子女创作的抗日歌曲内容以及演唱场景与江永本地男性演唱的抗日歌曲进行了

---

① 廖静. 基于女书文化的数字多媒体展示形式研究 [D]. 长沙：湖南大学，2012.

② 黄梅荣，黄锋华. 数字媒体影像技术对女书的活态保护和开发应用初探 [J]. 大家，2010（11）：83—84.

③ 夏三鳌. 探析江永"女书"文化在原创动漫设计中的意义和价值 [J]. 电影评介，2010（15）：25—28.

④ 李云超. 联机手写女书文字识别系统设计与实现 [D]. 武汉：中南民族大学，2013.

⑤ 王鹏，孙茂松. Win32平台下女书拼音输入法的设计与实现 [A]. 第五届全国青年计算语言学研讨会论文集 [G]，南京，2010：508—514.

⑥ 远藤织枝. 亚洲汉字文化圈中的女性文字 [M] // [日] 远藤织枝，黄雪贞. 女书的历史与现状：解析女书的新视点. 北京：中国社会科学出版社，2005：20.

比较。① 美国哈佛大学史凯姗（Silber，Cathy）对女书自诉可怜的传记书写这一大特色进行了研究②，其《湖南女书中的女儿到儿媳》则详细介绍了包含结拜姐妹书信和三朝书在内的女书文本③。姜葳（Chiang，William Wei）对女书进行概述，并翻译部分女书文本以佐证。④ 安妮·麦克拉伦（McLaren，Anne）与陈勤建合写的专著，比较了女书与长三角地区（南汇）口头传统文学形式哭嫁歌的特定仪式与修辞策略。⑤

　　另外，韩国学者也发表了一系列对女书本体进行探析的文章，如权龙采（권용채）和金泰完（김태완）的《女书文字小考》⑥、金殷嬉（김은희）的《比较文字学的观点看中国的女书文字特征》⑦、沈绍熙（심소희）的《中国的女性文字研究》⑧ 等，都从语言学的角度对女书的文字及作品作了简要介绍及分析。

（二）女书女性主义相关研究

　　墨尔本大学教授安妮·麦克拉伦（McLaren·Anne）对女书的媒介特性进行了探讨，并强调女书是中国口头和书面叙事传统中，专门针对女性主题的一种表达方式。在清朝末期，君子女这一特定群体在遵循儒家伦理的同时，也在保护自身权益和表达不满，因此成为一个值得重视的文化群体。虽然女书文本表面上表彰女性的美德和道德影响，提倡女性争取法律权利，但同时也承认了女性的男性从属地位，因此存在内在矛盾。在她看来，通过君子女的口述可以听到女性集体而非个人的"声音"，它通过仪式化的诗歌媒

---

　　① 远藤织枝.女书创作中的抗日歌［M］//远藤织枝，黄雪贞.女书的历史与现状：解析女书的新视点.北京：中国社会科学出版社，2005：151.

　　② Silber，Cathy. Nüshu（Chinese Women's Script）Literacy and Literature［D］. Ann Arbor：University of Michigan，1995.

　　③ Silber，Cathy. From Daughter to Daughter-in-Law in the Women's Script of Southern Hunan［J］. Engendering China，1994：47－68.

　　④ Chiang，William Wei. *We Two Know the Script*，*We Have Become Good Friends*：*Linguistic and Social Aspects of Women's Script Literacy in Southern Hunan China* ［M］. Lanham：University Press of America，1995.

　　⑤ McLaren，Anne，& Chen，Qin-jian. The Oral and Ritual Culture of Chinese Women：Bridal Lamentations of Nanhui［J］. *Asian Folklore Studies*，2000，59（2）：205－238.

　　⑥ 权龙采，金泰完.女书文字小考［J］.中国人文科学，2009（43）：203－222.

　　⑦ 金殷嬉.比较文字学的观点看中国的女书文字特征［J］.中国语文学论集，2012（73）：7－40.

　　⑧ 沈绍熙.中国的女性文字研究［J］.中国语言研究，2003（16）：423－444.

介，抒发她们的"不平"。①

法国女性主义学者卡罗尔·范（Fan，Carol C）根据女性主义"语言和符号是洞悉性别结构的关键"这一理论，通过分析中国湖南江永女书的发展，阐释了女性语言创新作为性别解放工具的意义，以及性别身份如何在中国文化和社会中通过语言建构和反映。②

克里斯蒂·梁（Leung，Christie K. K）对结拜姐妹关系、女书文化中女性独立于男权制度外的自主精神，以及女书文献材料遭到的损毁破坏等方面，进行了概括性的介绍探讨。③

刘斐玟在其美国雪城大学的博士学位论文《解除沉默的女性：中国湖南省江永县的男性读不懂的文学（女书）和女性歌曲（女歌）》中深入探讨了作为"社会弱者"的江永女性如何利用"弱者的武器"赋予自己作为个体的权利，将自己社会化到群体中，并使自己不再沉默，揭示了中国农民妇女如何概念化她们的生活，重新建构她们的身份，并与约束她们的社会现实进行谈判的女性声音。④

（三）女书非物质文化遗产研究

由于全球化的影响，文化交流的大规模增加使得世界遗产的关联性越来越强，女书作为人类的重要文化遗产，在中国乃至世界广阔的社会语境中被逐渐重塑。海外逐渐涌现出一批在非物质文化遗产语境下探究女书的学术成果，较为代表性的有如下论文。

胡希环在其博士学位论文《中国女书的传承研究：遗产话语与身份塑造》中将身份、话语和遗产联系起来，探讨了女书传承参与者的身份建构和话语建构。作者将女书社区中遗产话语分为官方遗产话语与民间遗产话语两

① McLaren，Anne. Women's Voices and Textuality：Chastity and Abduction in Chinese Nüshu Writing [J]. *Modern China*，1996，22（4）：382－416.

② Fan，Carol C. Language，Gender，and Chinese Culture [J]. *International Journal of Politics，Culture，and Society*，1996，10（1）：95－114.

③ Leung，Christie K. K. Women Who Found A Way Creating a Women's Language [J]. *Off Our Backs*，2003，33（11/12）：40－43.

④ Liu，Fei-Wen. Women Who de-silence Themselves：Male-illegible Literature（Nüshu）and Female-specific Songs（Nüge）in Jiangyong County，Hunan Province，China [D]. New York：Syracuse University，1997.

种，展示了这些话语的参与者如何通过不同的认证机制来塑造、合法化和强化他们的遗产身份，以宣示他们在遗产中的真实性。值得注意的是，作者强调了遗产实践数字化的重要性，并展示了民间遗产社区如何通过社交媒体上民间传播主体的民主选举实现"热"认证，并证明数字技术和社交媒体为非精英人士及土著成员提供了塑造和表达其遗产身份的空间。虚拟社区中民间参与者的传承实践体现了一种自下而上的、具有民主特征的基层传承自治。①

克里斯蒂安·莫格纳（Christian Morgner）在《关系社会学视角下的数字遗产政治：以中国女书文化为例》中指出需要系统化和理解中国文化遗产政治的复杂动态，论文使用网络统计学分析了一系列女书在线账户和网站，强调需要一个更加动态的关系视角，承认不同遗产生产者之间的相互性。②

何研在《ICH时代的江永"女书"》中明确中国非物质文化遗产项目为女书发展创造了新契机，新的形式改变了传统女书的表演方式和核心要素，而女书文化参与者也越来越关注女书文化如何为他们带来更多的利益，并形成新的传统。③

罗文斌的《旅游与非物质文化保护：女书文化保护的居民视角》以中国江永女书非物质文化遗产社区居民问卷调查和实地访谈为研究数据，应用计划行为理论（TPB）模型探讨了社区居民在遗产保护和遗产旅游中的作用，并明确了保护非物质文化遗产的方法。他认为，"以社区为主导的文化遗产保护方法可以成为'新常态'，这应该会带来更加可持续的旅游业发展形式"。④

（四）女书其他方面的研究

除了以上研究领域外，海外的女书研究还涉及诸多学科领域。例如，在

---

① Hu，Xihuan. Studies on the Heritagisation of "Nüshu" in China：Heritage Discourses and I-dentity-Making ［D］. Leicester：University of Leicester，2021.

② Morgner C，Hu X，Ikeda M，et al. Digital Heritage Politics from the Perspective of Rela-tional Sociology：The Case of Nüshu Culture in China ［J］. *International Review of Sociology*，2022，32（2）：265－289.

③ Yan He. Jiangyong "Women's Script" in the Era of ICH ［J］. *Asian Ethnology*，2021，80（2）：367－390.

④ Luo Wenbin，et al. Tourism and Conserving Intangible Cultural Heritage：Residents' Perspec-tives on Protecting the Nüshu Female Script ［J］. *Journal of China Tourism Research*，2022：20.

心理学方面比较有代表性的是赫温格尔比（Hvingelby, H. E. M. S.）的博士学位论文——《符号在民间故事女书和汉字版本中的性别压迫：荣格分析》，论文通过对女书的各组无意识符号的表现进行研究，以回答荣格的超越性和个性化理论是否存在于压迫者与被压迫者的符号对话中，并最终导致这两个对立面以一种新的存在形式结合的问题；① 在计算机技术方面有王江青的《基于隐马尔可夫模型的手写女书字符识别》②，钟昆霞的《虚拟现实中人机交互功能的实现》③ 等；在设计学方面有高雅娟的《中国女性文字在文化产品设计中的概念框架与案例研究》④ 等。另外，韩国的张清远（장청원）在《通过女书文字形成江永女性的认同感研究——以改编成女书的文学作品为中心》中，以纯粹说服理论为跨学科视角，分析了女书文字中女性的认同感，并以具体的女书作品为基础，探查了江永地区女性的认同感变化过程以及增强女性自身文学素养的能力；⑤ 姜奇（강기）在其硕士学位论文《女书文字的文化内容开发及应用方向研究》中，通过以女书电影、小说为中心进行案例分析，探寻女书文化信息发展存在的问题，挖掘女书的文化价值及社会价值，展现了女书文化内容的发展方向及产业化的可能。⑥

　　纵观全球女书研究，涉及领域较广，共性与差异并存。总体而言，中国内陆女书研究在数量、涵盖领域以及涉及的研究理论等方面均明显领先于海外女书研究。而全球女书研究普遍注重融合相关学科的理论进行综合研究。具体来看，就中国内陆女书研究现状而言，1983 年至 2009 年为女书学科奠

① Hvingelby, H. E. M. S. Symbols Mediate Gendered Oppression in Nushu and Hanzi Versions of a Folktale: A Jungian Analysis [D]. Santa Barbara: Fielding Graduate University, 2009.

② Wang Jiangqing and Rongbo Zhu. Handwritten Nushu Character Recognition Based on Hidden Markov Model [J]. *J. Comput*, 2010, 5: 663—670.

③ Zhong Kunxia, Meiling Zong, Zhengqin Guo, et al. Realization of Human-Computer Interaction Functions in Virtual Reality [A]. 2009 International Conference on Research Challenges in Computer Science [G], Shanghai, 2009: 229—231.

④ Gao YaJuan, WenTing Fang, Yang Gao, et al. Conceptual Framework and Case Study of China's Womanese Scripts used in Culture Product Design [J]. *Journal of Arts and Humanities*, 2008, 7/3: 57.

⑤ 张清远（장청원）. 여서（女書）문자를 통한 강영（江永）여성의 정체성 형성 연구: 여서로 개작된 문학작품을 중심으로 [J]. 중국학, 2020, 73: 501—524.

⑥ 姜奇（강기）. 女書文字의 문화콘텐츠개발 및 활용방향 연구 [D]. 서울: 건국대학교 대학원, 2015.

基阶段，女书研究从无到有，以对女书本体纵向深入研究为主，以女书文字、女书文学、女书习俗等为研究侧重点，逐渐成为一门独特的学科；2010年至今为女书学科融通阶段，女书与其他学科进行交叉研究，以横向跨学科研究为主，研究领域涉及人类学、语言生态学、文化生态学、传播学、教育学、心理学、法学、旅游管理、女性主义等相关学科和理论。就海外女书研究现状而言，相较于中国内陆学术界，海外女书研究者自始至终更为重视女书的跨学科研究，将女书置于全球化的平台之上，特别是在女性主义以及非物质文化遗产相关的社会学等领域，不仅彰显了女书研究的多元价值，同时也促使国际学术界更快地对女书进行深入认知与理解。

上述成果为本书研究提供了重要借鉴和启示，研究内容涵盖到女书传播中的每一个重要环节，为女书的跨文化传播研究打下了坚实的基础。虽然"女书跨文化传播"相关命题提出的时间较短，全球学术界相关研究总量极少，且比较薄弱，但这也给本书的研究留下了充足的空间。

第三节　研究方法

本书旨在运用文献资料法、田野调查法、深度访谈法、NVivo 辅助质性分析法等多个方法全方位地调查和分析女书的跨文化传播，使研究结论更加立体、系统和深入。

其一，文献资料法。将"女书""Nushu""Nüshu""Chinese women's script"等作为文献资料检索的中心，并以此为基点，扩大资料的学科搜集范围，如传播学、民俗学、非物质文化遗产、女性主义等学科领域，广泛收集相关资料，尽可能运用各种资料平台与网站数据库，充分借鉴相关学术著作、报刊文章等文献。审视已有文献的研究现状与前沿动向，汲取启发性的学术视角与观点，以便全面系统地研究女书跨文化现象。

其二，田野调查法。作为一种社会文化现象，女书生成于特定语境。剥离语境进行纯文本分析，将使女书失去"本真"。只有深入田野，把握其文化与社会背景，才能全面理解现实中的女书及其传承的共时语境。运用田野调查法的目的，不只在于收集第一手资料，更在于洞悉女书的事实与真性。

其三，深度访谈法。深度访谈法是指研究者与访谈对象针对特定问题进行一对一的对话式调查，以全面洞悉访谈对象对事物的观点或做决定的动机。本书通过对女书传承人、女书核心流传区政府工作人员、女书学者、女书跨文化传播实践者等相关人员进行半结构性访谈，对女书的跨文化传播现状及困境进行深入的了解。

其四，NVivo辅助质性分析法。NVivo是一款定性数据分析工具，具备分析访谈、讨论、图片、音频等多种文本的能力。本书首先采用访谈法收集全球范围内女书相关专家的观点。其次，运用NVivo软件对与女书跨文化传播相关的文本进行深度挖掘和分类编码。再次，以访谈文本为基础，从问题意识出发进行概念化编码，具体的编码思路可参见图0-2。最后，通过NVivo的可视化功能，构建女书跨文化传播的多级动态编码图谱。

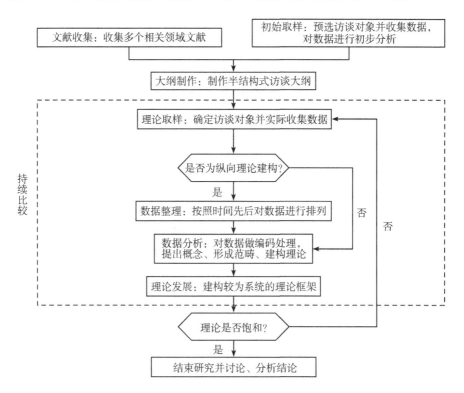

图0-2 NVivo14节点—概念—范畴三级编码思路图

第四节　研究思路

本书以女书为研究对象，运用跨文化传播理论对其进行深入解读。综合应用社会学、传播学、民俗学、女性主义等多维视角，通过文献资料法、田野调查法、深度访谈法以及 NVivo 辅助质性分析法等，构建起研究的纵横向框架。在对女书进行全面概述后，本书运用跨文化传播理论，特别是拉斯韦尔的"5W 传播模式"，从传播主体、传播内容、传播载体、传播受体四个方面分析女书跨文化传播的现状，指出其中所面临的困境，并针对性地构建女书跨文化传播的发展策略。

第五节　研究创新点

第一，研究视角创新。本书将拉斯韦尔的"5W"经典传播模型置于全球化背景下，基于传播主体、传播内容、传播载体、传播受体四个维度研究女书在全球社会中的流动、共享、渗透和迁移，在拓展传统传播学领域的广度和深度的同时，将女书置于更为广泛的跨学科理论研究框架中进行探讨。

第二，研究方法创新。本书创新性地在女书研究领域运用 NVivo 辅助质性分析法。这一方法不仅能够帮助大众更全面、更深入地理解女书的跨文化传播现象，还能够通过对大量数据的分析，揭示出隐藏在文本背后的传播规律和趋势。此外，该方法还提高了研究的可靠性和系统性，为女书研究提供了一个新的方法论框架，为女书研究提供更为多元化的思考方式。

第三，可能的研究观点创新。首先，研究将数字化虚拟空间纳入女书文字符号载体，对女书内涵进行了重新定义，认为女书既包含女书文字以及含有女书文字的实物或数字产品；也包含女书核心流传区的相关风俗习惯；还包含通过女书展现出来的独特思想情感及价值理念。其次，现阶段全球系统性地运用跨文化传播探讨女书现状与发展路径的文章及观点乏善可陈，而本书从传播主体、传播内容、传播载体、传播受体四个维度全面梳理和深入剖析了女书跨文化传播的现状与困境，在此基础上提出了针对性的改进建议，在一定程度上丰富和发展了女书跨文化传播研究，对世界现有相关研究进行了有益的补充和扩展。

第一章

理论基础与概念界定

第一节　跨文化传播相关理论阐释

尽管跨文化传播是一门相对年轻的学科，其源起可追溯至 20 世纪 50 年代末，然其诞生之初就自带独特的时代烙印和显著的实用价值，其发展速度之快、影响范围之大、研究成果之丰硕，引起了全世界的广泛关注。

一、跨文化传播的学术脉络

跨文化传播的实践历史悠久，自人类社会出现以来就存在跨文化的交流和传播。然而，将跨文化传播视为一个独立的学科进行探讨却属当代之举。在传播学各分支领域中，跨文化传播学也被视为一门新兴的学科。跨文化交流研究是跨文化传播学的源泉，同时，它也吸纳了文化人类学等学科的精华。从 20 世纪 70 年代晚期开始，学术界逐渐把跨文化传播视为一门单独的学科。爱德华·霍尔（Edward Hall）以及 20 世纪 50 年代成立的"外事学院"（Foreign Service Institute）被学术界普遍认为是跨文化传播学的起始。1955 年，爱德华·霍尔首次引入了跨文化研究的方法论。学术界普遍认为，霍尔于 1959 年出版的《无声的语言》（*The Silent Language*）为跨文化研究奠定了基础。该书深入探讨了文化与传播的基本问题，如"文化的定义是什么""文化就是传播""时间能表达""空间能表达"等观点。20 世纪 60 年代，民权运动和妇女运动的兴起推动了跨文化传播的实践与研究。从 20 世纪 70 年代开始，相关课程、机构和出版物逐渐涌现，这一领域开始得到认可和重视。与此同时，一些政府职能部门也逐步建立了跨文化研究部门。20 世纪 80 年代初，跨文化传播类课程持续增加，跨文化传播学作为一门学科在传播学界确立，并获得认同。

20 世纪 80 年代以来，中国跨文化交流学逐步学科化。1982 年，汪琪的力作《文化与传播》成为中国跨文化交际学领域的首部教材，具有重要的标志性意义。继之，黄葳威于 1999 年出版了《文化传播》等。关世杰在 1995 年推出《跨文化交流学》，随后于 2004 年出版了《国际传播学》，将跨文化交际学领域延伸至国际传播范畴。贾玉新在 1997 年创作了《跨文化交际学》，胡文仲于 1999 年完成了《跨文化交际学概论》，以及陈俊森和樊葳葳在 2000 年联合撰写的《外国文化与跨文化交际》等著作陆续出版。

随着跨文化交流研究在大众传播领域的应用，中国的跨文化传播学逐渐成型。在对外传播事业不断发展的背景下，学术界对传播领域的跨文化特性表现出高度关注。2004 年，段连城洞察到跨文化传播需要关注"文化差异"，并提出要遵循"内外有别"的原则。① 同年，沈苏儒分析了对外传播与跨文化传播之间的关联。② 段连城和沈苏儒的研究为这一领域构建了理论框架。2011 年程曼丽、王维佳合著《对外传播及其效果研究》，2015 年孙英春出版《跨文化传播学》。实践中，学界日益认识到对外传播与跨文化交流的交叉性，并在理论与实践进行有机融合，推动该领域发展。虽然边界认识不一，但这不影响相关理论的渗透应用，发挥重要借鉴作用。当前，随着中国跨文化交流实践的广泛深入，中国社会文化的快速变迁为研究提供了良好场景。在此背景下，以女书为代表的中华文化跨文化传播研究得以蓬勃发展。

二、跨文化传播的内涵被厘定

"跨文化传播涉及有关文化与传播研究的方方面面。"③ "跨文化传播"在中文领域有多种表述，如"跨文化交流"和"跨文化交际"。主要原因有二：一是因为中国在该领域的研究起步较晚，尚未发展出统一标准的学科体系；二是研究者背景不同，根据自身需求选择不同的翻译词汇。例如，传播学界多采用"跨文化传播"；语言学和外国语教学研究者偏好"跨文化交

---

① 段连城. 对外传播学初探［M］. 北京：五洲传播出版社，2004.

② 沈苏儒. 对外传播的理论与实践［M］. 北京：五洲传播出版社，2004.

③ William Gudykunst, ed. *Cross-cultural and Intercultural Communication*［M］. Thousand Oaks, CA：Sage, 2003, Forward：1.

际",强调提高人际交往技巧;国际关系和外交领域则常用"跨文化交流"。

目前,学界对跨文化传播的内涵与研究视角存在差异,主要可概括为以下几类:第一,涉及不同文化背景的人际交往与互动,这是共同构建符号意义的协商过程。第二,参与信息编码与解码的个体或群体来自不同语境。在该概念下,文化传播依赖符号编码,编码方式相同属同文化传播,否则为跨文化传播。第三,由于参与者符号系统存在差异,信息传播变为符号交换过程。[①] 据此,文化交流中,符号系统不同会影响效果。特别在跨文化传播中,文化差异越大,越容易产生疑虑或误解;反之,文化差异越小,共性逐渐增加,那么交流中的挫折和误解就会减少。这种情况下,文化的共性和相似性有助于缓解潜在的文化障碍,促进更有效的跨文化交流。

基于此,孙英春认为跨文化传播主要是指"不同文化之间以及处于不同文化背景的社会成员之间的交往与互动,涉及不同文化背景的社会成员之间发生的人际交往与信息传播活动,以及各种文化要素在全球社会中流动、共享、渗透和迁移的过程"。[②] 此定义深刻且具有代表性,准确捕捉了跨文化传播的本质。

三、跨文化传播的理论要览

跨文化传播学研究关注的是文化传播活动,其核心主要围绕学科基础建设,涉及主题、话语、概念、理论、范式等多个方面。自 20 世纪 50 年代以来,这一领域融合了多元化的理论来源,主要包括以下三类:一是拓展传播学理论;二是其他学科理论的直接应用;三是为跨文化传播现象量身定制的理论。为了更好地研究和参考,我们可以将跨文化传播理论划分为文化传播与文化差异理论,以及跨文化适应与调整理论。

(一)文化传播与文化差异理论

有关文化与传播的关系的理论,比较有代表性的有传播与文化的建构理论、意义的协同管理理论等。在 1988 年,詹姆斯·阿普尔盖特(James Ap-

---

① Stella Ting-Toomey. *Communicating across Culture* [M]. New York:The Guilford Press,1998:21.

② 孙英春. 跨文化传播学导论 [M]. 北京:北京大学出版社,2008:165.

plegate）等人从建构主义的视角出发，提出了传播与文化建构理论。这一理论主张，传播是一种以目标为导向的信息交流过程，个体根据自身的想法来实现目标。另外，意义的协同管理理论代表学者巴尼特·皮尔斯（Barnett Pearce）强调，传播具有社会属性，社会道德秩序是传播的重要组成部分，多样性对信息的传播和解读具有重要意义。

有关解释传播过程中文化差异的理论，主要包括面子协商理论、会话制约理论、高语境文化与低语境文化理论等。面子协商理论阐述东西方文化差异对传播的影响，其主要观点在于文化价值观塑造了成员在面对矛盾时对面子的处理方式；而会话制约理论则分析了不同文化在选择传播策略时的差异，集体主义文化偏向于维护面子，而个体主义文化则更强调透明度。高低语境文化理论提供了解释文化差异的有效视角。爱德华·霍尔根据语义对语境的依赖水平，将文化划分为高语境文化和低语境文化两类。在高语境文化中，语言的意义并不完整，需要结合该文化中民众的习俗、思维和潜意识背景来进行解读，因此语言表达较为模糊；而在低语境文化中，语言能够直接传达意义，与文化背景保持一定距离，语言表达较为清晰。霍尔认为，像中国、日本等国家的内敛文化属于高语境文化，语境对语言理解具有显著影响，而加拿大、意大利等国开放直率的文化属于低语境文化，语言表达直接。长期处在一个文化语境的人进入新的语境时，会面临理解障碍，导致交流失误。这一区分为跨文化传播提供了参考角度。

（二）跨文化适应与调整理论

文化传播的参与主体应进行相互适应是跨文化适应理论的核心观点。该理论于 1983 年由休伯·埃林斯沃斯（Huber Ellingsworth）提出，关注的是传播主体在与受体互动时的调整策略。这一理论主张，文化差异贯穿于所有传播过程，因此跨文化传播的研究需结合人际交流与文化因素。基于此，他提出相关假设并得到了实证支持：功能性调整有助于促进沟通顺畅，而非功能性调整可能导致文化差异加剧，从而使沟通进程受阻。此外，传播主体间的协作有助于实现传播公正；恰当地应用说服策略也能促进适应性传播。

跨文化传播调整理论（Intercultural communication accommodation theory）则聚焦于主体在社会语境下的传播行为及其变迁原因。20 世纪 70 年代，为了研究语言在社会环境中的变化规律，霍华德·贾尔斯（Howard Giles）等人首次提出了会话调整理论。该理论探讨了人在使用语言策略时的心理活动。随后，霍华德·贾尔斯又提出了传播调整理论，研究了语言、认同和语境之间的关系，并通过评估语言和非语言行为来解析群体互动。其核心观点在于，人们通过语言和行为来表达态度、获取认同。策略的使用不单与动机有关，还受到主体认同和社会历史背景的影响。传播策略的制定与实施，始终受制于初始倾向及人际交往的独特性，这些独特性既包含相互认可与熟悉的渴望，也包含期望自我与他人相互理解的诉求，还包含维护面子、保持联络、实现人际调控的需求等；调整受语境、规范、行为的综合影响，随环境变化，动机和策略也在变化。[①]

四、跨文化传播的模型选择

传播学领域的先驱者哈罗德·拉斯韦尔（Harold Dwight Lasswell）在1948年发表了对传播学科至关重要的论文《社会传播的结构与功能》，并在其中率先提出了享誉传播学界的"5W"传播模式，阐述了大众传播的三个功能，从而奠定了自己在该学科的重要地位。拉斯韦尔理论内涵丰富，对传播学发展影响深远，堪称引领思想。许多学者对该理论推崇备至、评价极高，称其为传播学纲领性著作、"独立宣言"。亦有观点认为，后期所有传播研究皆是对该理论的注解。传记作家亦赞其"如行为科学中的达尔文"。

哈罗德·拉斯韦尔的"5W"传播模式（见图1-1）详尽地阐述了社会传播的基础环节与五个核心要素，即"传播主体""传播内容""传播媒介""传播受体""传播效果"，并在此基础上衍生出涵盖传播学主要研究领域的五个关键课题：控制分析、内容分析、媒介分析、受众分析和效果分析。该理论内涵丰富，为学界公认经典。

[①] Cindy Gallois, et al. Communication Accommodation Theory [A]. // William Gudykunst, ed. *Theorizing about Intercultural Communication* [M]. Thousand Oaks, CA: Sage, 2005: 136 – 138.

| 传播主体 | 传播内容 | 传播媒介 | 传播受体 | 传播效果 |

图 1 - 1　拉斯韦尔"5W"传播模式图

以下就传播的五个基本构成要素作简要论述：

其一，传播主体。作为传播学先驱的库尔特·卢因（Kurt Lewin）断定，传播主体是传播行为的起点，负责搜集、筛选、加工信息，是信息的"把关人"。卢因判断，传播主体在社会传播初期主导地位明显。然而传播主体在传播时会受自身理念影响选择和过滤信息，而理念形成又受政治、经济、文化等因素制约。因此，对传播主体的研究属于控制分析范畴。拉斯韦尔视角中，大众传播主体有个人和组织两类。前者如各行业的消息发布者、导演、编辑、主持人等，是组织化专业传播者，具备明确理念和技能；后者如一系列新闻媒体等媒介机构。

其二，传播内容。传播内容是筛选过滤后的信息，而非全部信息。传播主体需要分析内容，实现有价值传播。内容应具备综合性、公开性、大众性和开放性四个特征。综合性指内容跨专业整合；公开性指面向整个社会；大众性指考虑受众需求；开放性指随社会发展更新。明确这些特征，内容传播才能更有效。

其三，传播媒介。传播媒介又称传播载体，是执行传播的具体方式。媒介研究包括微观层面分析自身特征和宏观层面分析如何满足社会的多样需求。传统传播学观点认为，媒介有四大特点和规律：确立不同传播符号、呈现时效性、保持相对持久性、受体参与程度不同。媒介分析有助于传播主体优化使用媒介。纸质刊物、短视频、电影等都是典型的传播媒介。

其四，传播受体。传播受体是信息接受者，也可能成为新信息的加工者和传播活动的反馈者，在传播中扮演重要角色。主体依据受体特点选择内容和媒介，传播活动存在意义也由主体和受体定义。分析受体便意味着探讨其特性、心理对信息的接收需求、行为驱动力、社会与文化的价值及意义。主体根据这些分析来筛选传播的内容和媒介，从而使信息能被受体更高效地吸收。

其五，传播效果。传播效果是指信息通过媒介影响受体立场和观点的程度。传播活动的核心目标在于期望通过信息传递对受体产生影响。这种影响随着覆盖范围的拓展和时间的积累，将逐渐对社会和文化带来长期而深刻的影响。追踪分析受体的后期反应和传播带来的社会效应，是传播研究最重要也是最持久的环节，因为传播效果往往是长期的、潜在的。

拉斯韦尔的"5W"模型既具备理论的经典性又具备切实的可操作性。基于此，本书尝试将传统的传播模型置于全球化背景下，研究女书在全球社会中的流动、共享、渗透和迁移，从而拓展传统传播学领域的广度和深度，为女书的跨文化传播创造无限的可能。

第二节　相关概念界定

一、女书

自 1983 年女书被学者宫哲兵发现以来，女书的概念经历了多次更迭。早期的女书单指单纯的文字符号，后经过女书在其核心流传区十几年的发展，又由宫哲兵先生于 2000 年将女书概念进行了扩充："一是指文字，二是指用这种文字写成的作品，三是指写有这种文字的物件。"[①]

2008 年谢明尧、贺夏蓉等学者对女书概念的解读得到了学术界的广泛认同，他们认为女书有狭义与广义之分，"狭义的概念是指女书作为一种独特的性别文字，包括其字体的形态、语音、笔画结构、组合方式、使用功能等，它仅限于妇女交流、使用，区别于其他任何文字；广义的概念指女书是一种文化，包括产生这种文化的人文地理、女书流传区域各种风俗习惯以及用女书文字写成的作品和写有这种文字的物体"[②]。

时隔 15 年，世界政治、经济、文化格局日新月异，科学技术发展突飞猛进。女书经过 40 年的长足发展，其边界又有了崭新的有效拓展。根据其

---

① 宫哲兵，刘自标. 女书与妇女文学 [J]. 湖南大学学报（社会科学版），2000（1）：44.
② 谢明尧，贺夏蓉，等. 女书习俗 [M]. 长沙：湖南人民出版社，2008：1.

现实的演进境况及进一步发展的需要，笔者认为女书作为一种特殊的社会文化现象，其主要包含三个部分，即女书文字以及含有女书文字的实物或数字产品；女书核心流传区相关风俗习惯；通过女书展现出来的独特思想情感及价值理念。其中，前两者为女书的外在表现形式，独特的思想情感及价值理念为女书的内在核心。

二、女书的跨文化传播

全球化使世界日益紧密，时间和空间鸿沟因科技进步和交通发展而逐步缩小，各国和民族在全球化进程中联系更加密切互依。世界经济、政治和文化都发生了深刻变革。自从踏入 21 世纪，世界各地的思想文化交融与冲击较之历史任何时期都更为紧密和频繁，国际的跨文化传播现象在全球化的态势下与日俱增且势不可当。女书作为中国优秀的传统文化，其跨文化传播势在必行。

经过前述对跨文化传播理论的梳理，可以明确跨文化传播主要是指"不同文化之间以及处于不同文化背景的社会成员之间的交往与互动，涉及不同文化背景的社会成员之间发生的人际交往与信息传播活动，以及各种文化要素在全球社会中流动、共享、渗透和迁移的过程"。以传播区域为视角，跨文化传播可分为国际传播和区域传播两类。国际传播指的是拥有不同国籍及文化背景的人员间的交往和信息传播。每种文化内部还存在大量群体文化和特有文化，这为区域跨文化交流创造了契机。本书对女书的跨文化传播研究更加侧重于关注国际传播研究。

综上所述，结合新时代下女书的概念，本书所研究的女书跨文化传播主要指来自不同国家且拥有不同文化背景的个人或组织，以女书为内容进行的人际交往与信息传播活动，以及女书各要素在全球社会中流动、共享、渗透和迁移的过程。

第二章

女书文化概述

女书，作为举世仅存的女性文字，是全人类共有的文化瑰宝。为了使女书更好地穿越各种政治、经济、文化的阻碍，得以在跨文化传播场域中有效传播，首要任务便是洞悉女书的全貌。只有在了解女书的起源与发展背景、发扬其女性文字特征、扎根其民俗土壤、深度挖掘其思想底蕴的前提下，才能更加全面深入地探寻女书与跨文化传播的契合点与可能性。

第一节　宿命的必然：女书的起源与发展背景

一、女书的起源

在过去 40 年里，"女书"这一特殊文化现象已引起众多学者的关注，并从各个方面展开了专题研究。然而，女书起源的问题至今仍扑朔迷离。尽管学界围绕此问题曾多次展开论战，但至今仍无法达成定论。

有关女书的起源，民间主要流传三种版本。第一种是九斤姑娘创制说。据传过去有一位名叫九斤的女子居住在上江圩，因出生时体重达九斤而得名。她聪颖非凡，纺织技艺驾轻就熟。在从事女红创作时，她独辟蹊径，设计了一种特殊的文字，并将其记录在纸张、扇子或手帕上。第二种是盘巧创制说。传说在桐口山冲住着一位名叫盘巧的姑娘，三岁便能歌善舞，七岁开始绣花，十八岁时女红技艺已炉火纯青。有一年，她被官府的猎队抓去，关在道州府。她在那里根据平日与姊妹们织花边、制鞋样的图案，每日设计一个新字，三年后共创造了 1080 个字。她用这些自创文字写了一封家书，藏在一只她饲养的猎犬上，让它带回故乡交给亲人。第三种是玉秀女妃创制说。相传在某朝，一位才女胡玉秀被选为妃子，她在宫中生活艰辛、孤独无依，无法向家人诉说思念之情。于是，她参考家乡女红的图案，创造了一种特殊的文字，即女书。

这些在当地广为流传的传说曾是研究女书创造者的关键线索。宫哲兵教授认为，这三名女性实际上是同一人物，其中九斤姑娘与盘巧显然是同一人，而居住在江永上江圩乡桐山岭的女妃与盘巧，一位住在荆田村，另一位住在桐口村，两村仅有一河之隔，地理位置十分相近，因此女妃创制说可能是盘巧创制说的衍生版本。① 如果不考虑传说人物的真实性，而仅关注其故事结构，我们会发现以下共同点：聪明的女子（女妃、盘巧、九斤姑娘）——与外界隔离（入宫、被捕、失去联络）——通过女红图案创造女书文字——方言解析——传播与传承。从这种结构逻辑来看，江永地区代代相传的"女书"，其最早的使用者可以追溯到当地才华横溢的妇女。此处相类似的"隔离"情节展现了父权社会下女性只能处于附属地位，揭示了历史上江永女性在父权体制之外，自行组建了独特的女性群体。被主流圈排斥的女人聚在一起互诉衷肠、发泄不满。为了沟通便利，女性智者则依托当地女红图案发明了文字。由此可见，三个女书造字者传说中所反映出的女书的社会功能与现今女书的社会功能部分共通，但女书的起源仍无法由此确定。

现今学术界对女书的起源最主要的观点可大致分为三种。

第一种观点认为，女书的源头可以追溯到远古文字。李荆林"通过女书数词、量词、造字构件与陶文的比较，女书中的图案字与彩陶图案的比较"②，发现它们之间存在大量高度相似甚至完全一致的字形。因此，他推断"女书起源于史前陶文"。另外，潘慎和梁晓霞认为，鉴于女书独特的女性文化特征，它应是母系社会文化的遗存，故其起源应回溯至原始母系社会，女书是古代刻画文字的母字。③ 然而，这一观点尚未得到充分证据的支持。

第二种观点认为，女书是商代古文字的遗存和演变。这一观点的提出者主要为谢志民。他从语言学角度，对女书的字体构造、发音及语法规则进行了深入探究，并不断调整自身的学术观点。综合其研究，谢教授对女书的起

---

① 宫哲兵．论江永女书决非先秦古文字［J］．中南民族学院学报（人文社会科学版），2001（6）：113．

② 李荆林．女书与史前陶文研究［M］．珠海：珠海出版社，1995：187．

③ 潘慎，梁晓霞．原始母系社会的文化——江永女书［J］．山西大学学报（哲学社会科学），2003（4）：72－77．

源提出了以下看法：首先，女书中除借鉴楷书文字外，还保留了部分源于先秦甲骨、金文的字符，这些字符是与甲骨文密切相关的一种商代古文字的遗留与演变；[①] 其次，女书语法中既有汉语语法，也有一些百越语法，并与古越人的鸟图腾信仰相关；[②] 最后，女书的初始传播地域并非现今的江永县，而是在齐国南部的夷、越。[③]

第三种观点认为，女书起源于明清时期。谢志民的观点一出，就受到了宫哲兵、容嗣佑、高彦鸣等人的反对。宫哲兵在综合考察女书的地方志文献、实物、内容以及传承方式的基础上，提出了女书起源于明清时期的观点。他认为，"女书的实物和作品最早追溯到咸丰年间，读纸读扇的活动最早追溯到嘉庆年间，女书的传人最早追溯到乾隆年间，可见女书的产生期，很可能是清初或者明末"[④]。后续通过深入论证，他又认为，女书所借鉴和改造的汉字主要为简体字，仅部分为繁体字；简体字在古代被大众认为是"俗字"，而宋元时期俗文学的兴盛为俗字的流行奠定了基础，至清代俗字已被广泛使用，这也说明女书的造字时期理应晚于宋元，而清代的可能较大。[⑤]

宫哲兵的观点在学术界得到了许多学者的支持和认同。例如，赵丽明从女书所处地域的社会、历史与文化等多角度进行全面剖析，也得出"女书应该产生于中古以后，甚至是明代前后。就是说作为一套能完整记录语言的完整系统，女书大约有数百年历史"[⑥]。然而，杨仁里对此观点持有异议。他认为，地方志在记录事件时存在选择性与遮蔽性，加之过去文人对女性的歧视，导致女书在地方志中存在失语现象也属正常，因此不能作为考证依据。[⑦] 笔者认为，在目前缺乏其他考古或文献证据的情况下，宫哲兵基于现

———————————————

① 谢志民. "女书"是一种与甲骨文有密切关系的商代古文字的孑遗和演变 [J]. 中央民族学院学报，1991（6）：59—64.

② 谢志民. "女书"语法结构中的百越语底层 [J]. 民族语文，1992（4）：16—24.

③ 谢志民. 从"女书"刀币字看其在先秦的流传地域 [J]. 中南民族学院学报（哲学社会科学），1993（3）：108—114.

④ 宫哲兵. 女书时代考 [J]. 华中师范大学学报（人文社会科学版），1992（5）：59—63.

⑤ 宫哲兵. 论江永女书决非先秦古文字 [J]. 中南民族学院学报（人文社会科学版），2001（6）：113.

⑥ 赵丽明. 女书与女书文化 [M]. 北京：新华出版社，1995：38.

⑦ 杨仁里. 江永女书发生期之我见——兼与宫哲兵《女书研究二十年》"几个学术结论"商榷 [J]. 零陵学院学报，2004（1）：201—203.

有材料的判断显得较为科学合理。①

在女书起源问题上，仅借助语言文字学方法将女书文字与某些符号或文字的字形进行比对，可能产生"臆想中的事实"，因此需要谨慎对待。女书作为一种社会文化现象，它除了是一种文字，更是扎根在特定社会背景下发展出来的民俗与精神的结合体。因此，研究它的起源问题，可以尝试结合运用语言文字学、社会学、民俗学、历史学等多学科方法进行综合解读。

二、女书的发展背景

所谓"蕴蓄于中，形诸于外"，文化的产生不可避免地依赖于环境。以文化与生态环境为视角，"文化总是依附于它所处的自然生态系统，不同民族间的文化无论表现得多么不同，但从所处的自然生态系统中获取生命物质和生物能却别无二致"。② 然而，尽管社会环境会对文化产生影响，但文化在面对自然生态系统时，也会表现出一定的选择性。在自然环境与社会环境的共同造就下，人类文化景观呈现出百花齐放的姿态。

女书诞生于何时何地，研究尚无定论，但女书在江永县被发现绝非偶然。江永县何以能成为女书核心流传区，又是什么独特条件催生并促成了这种特殊文字的发展，从以下两个方面可提供解答。

（一）偏安一隅的地理环境

从历史上看，江永县地处要冲。战国时为楚国最南边疆，秦时介于长沙郡和桂林郡交界处，汉时分属苍梧郡和零陵郡管辖，隋时合二为一，完整合并为永阳县，唐天宝元年更名永明，一直沿用至 1956 年才改称江永。今江永县地处湖南省西南部的永州市，虽然地理位置相对偏僻，但却因此拥有了宁静舒适的生活环境。其地理坐标介于东经 110°32′39″至 110°56′44″，北纬 24°55′2″至 25°28′44″。江永县下属 6 个镇、5 个乡、2 个国有农林场和 1 个自然保护区，与道县、江华苗族自治县（现为江华瑶族自治县）以及广西的富川、恭城和灌阳 3 县相邻。

---

① 伦玉敏. "女书"起源研究的争鸣及其学术意义［J］. 孝感学院学报，2012（4）：86－90.
② 罗康隆. 文化适应与文化制衡［M］. 北京：民族出版社，2007：26.

江永县地形主要为南岭山脉山区，四周高山环绕，中部地势较为平坦，山谷盆地相互连接，属于喀斯特地貌，地势大致为"七山半水二分田"。东部有传说中舜帝南巡后葬于此的九嶷山，南部与广东萌渚岭仅一山之隔，西北部为盘踞县境的都庞岭。据传，都庞岭曾是秦将王翦南征百越时的驻军之地，后来六国贵族子弟也被流放于此。

江永县内河流众多，以界头村一带为分水岭，分为东北、西南两大水系。珠江水系的桃水自西北向西南流动，流入广西后又汇入桂江；长江水系的潇水自西北向东北流动，经过永州后汇入湘江。县中北部的潇水两岸便是女书的核心流传区，此处地势开阔、物产丰富、景色秀丽、河网密布，村落散布其间（见图 2-1）。

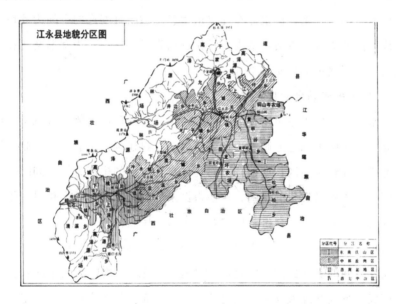

图 2-1 江永县地貌分区图①

由此可见，江永县被都庞岭和萌渚岭环绕，形成天然屏障，地势险要，难以攻破，因此自古以来就是军事战略要地。古代这里是楚粤的交通要道，即使到了清末，陆路通道也是只有一条狭窄的南北驿道。虽然境内河流众

---

① 江永县地貌分区图 [EB/OL]. （2024-10-22）. http：// www. jiangyong. gov. cn/jiangyong/zrzy/201609/5e77d7da0a0d4edd91d5da2225e8f550. shtml.

多，但仅有春夏两季的桃、潇水系可以供小型木船行驶，大船难以通行。正是由于陆路与水路皆不便，使得江永成为闭塞之地。

然而在这样一片僻静之地，拥有的却是得天独厚的自然资源。江永县总面积为 1571 平方公里，其中 1220 平方公里为丘岗，肥沃的土壤使得农业繁荣兴盛。亚热带湿润气候使得江永四季温和，无霜期超过 300 天，年均气温为 18.1 度，环境舒适宜人。这里一年可以种植三季作物，农产品品目繁多。据《史记》记载，汉代时，"楚越之地，地广人稀，饭稻羹鱼，或火耕……江淮以南，无冻饿之人，亦无千金之家"①。尽管农业发展不够充分，楚越地区的民众依然可以依靠天赋的自然资源过上无忧无虑的生活。宜人的气候和富饶的土地为居住在这里的居民提供了稳定的物质基础，使他们能够安居乐业。即使外来族群也能在此繁衍生息。封闭且安逸的空间为此地的人们形成共同的语言与生活习俗提供了优良的先天条件，这为女书文化在此地的发生与发展奠定了物质基础。

（二）多民族融合的社会文化

江永县历来处于楚越文化的交汇处，又因地理环境封闭使区域文化也趋于独立。由于中央和地方政权力量相对较弱，封建统治不够严密，政治管控相对宽松，导致该地区长期保持小农经济自给自足的生产方式的同时，在文化方面较少受到汉文化的熏陶。这使得江永地区的文化呈现出相对封闭的特点，并在长期的民族融合进程中留存了丰富的民族特色。

历史上，江永县承载了丰富的文化历史，尤其是瑶族先民和后来迁入的汉族氏族之间的文化碰撞。"南蛮""莫瑶""民瑶"均曾活跃于江永县。这里一度成为越人和瑶人动乱不断之地，宋末文天祥甚至亲征江永平定瑶民起义。为防范瑶乱，明代朝廷在县境内修筑枇杷、桃川二城。这些历史事件为江永特有的文化与社会格局奠定基础。

得益于特殊的地理位置，江永地区的移民流动较少。最早的汉族居民主要是政府派遣的官员和军户。汉族的迁徙在某种程度上促进了当地的经济发展和文化进步，两种文化在不同层面上产生了交融。这种交融的程度因地区

---

① 司马迁. 史记·货殖列传［M］. 北京：中华书局，1959：3270.

而异：在汉族人口众多的地区，瑶族居民大量吸收汉文化；而在瑶族人口相对更多的地区，汉族居民则深受瑶文化的影响。但从总体来看，民众与汉族的交流不深，汉化程度较低。唐宋元明数朝，汉文化在此传播较慢。因而，本土文化长期占主导，这种相对封闭的区域文化为女书的延续与发展提供了稳定的社会环境。

另外，民族混居势必促进文化多样性。楚越交融，汉瑶交汇，各种文化在此交融碰撞。在社会风气上，统治阶级的意愿使女性受到家庭束缚，无法接受教育。然而，本地的瑶族文化仍然保留了母系氏族的少许传统，即使在汉化潮流中也不动摇。例如，即使是在当今的江永，"若家庭中有重大问题，往往要向舅父禀报，请予裁决。"① 又如，以过山瑶为代表的瑶族有"招郎"的习俗，即男子入赘女方家庭。瑶族妇女在家族关系中地位较高，尤其长女，通常不会嫁出去，留在家中"讨丈夫"。"招郎"又有"两不辟宗"和"男从女姓"两种形式，即婚后共同照顾双方原生家庭，或者男子全盘加入女方家庭并改随女姓。因此，在这种相对封闭的文化环境中，女性受到汉化的影响较小，在家庭中保有一定的地位，因此拥有较多自主生活的时间与空间。她们渐成独立意识，能相约会面或做女红，并由此获得研习使用女书的机会，学习如何通过女书文字表达想法。君子女通常较有主见和独立个性。因此，女书文化最终呈现出保守与开放并存、柔美又坚韧的女性特质。

第二节　绚丽的星光：女书的文字表现形式

一、女书文字符号

女书文字符号是女书区别于其他文化最显著的外在特征，也是女书在跨文化传播中最易使人"惊鸿一瞥"的存在。女书文字是借源汉字，是以湖南省江永县上江圩镇一带的"城关土话"为基础形成的一种表音文字体系。文字符号通常有表义与表音之分，汉字是典型的表义文字体系，而由汉字发展

---

① 杨仁里，宋飞云. 女书存在于湖南江永县之原因浅探 [J]. 零陵师专学报，1992（4）：55.

而来的女书文字却属表音文字体系，是音节文字。根据对相关使用者字数的统计分析，女书的基础字超过了 300 个[①]；部分研究者通过进一步推断，认为女书单字的数量可能超过 1000 个[②]，这是加算了异体字以及非自然传承人新增字所致。

女书字体结构为斜菱形，形态表现纤瘦细长，排列整齐美观，既如风吹杨柳，婀娜多姿，也如窈窕淑女，曼妙动人，阴柔之美蕴含其中。她既具有小篆体的匀称特征，还有甲骨文劲健挺拔的身姿。女书文字与汉字最大差异在于形态结构：汉字整体呈长方块状，左右对称；而女书字则为长菱形，左低右高，稍有倾斜，倾斜中保持平衡匀称，右上最高，左下最低。[③] 女书基本笔画有弧、斜、点、横、竖等，书写版式近似古线装书，不设标点，遵循从上至下、由右向左的书写顺序（见图 2-2）。

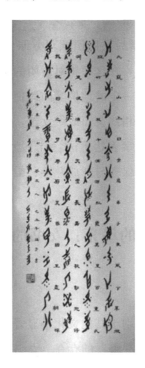

图 2-2 周善强女书书法作品实拍图

① 陈其光.五岭方言和女书［J］.民族语文，2004（5）：27—34.
② 宫哲兵.女书：中国女性为自己创造的文字［J］.中国民族，2005（7）：31.
③ 易叶舟.世界唯一的女性文字：江永女书漫谈［J］.华夏文化，2008（3）：39.

女书文字是以汉字为基础进行创新变形的借源汉字。汉字的字形为女书文字提供了一定的字形基础，许多女书文字都是改变汉字偏旁部首，或是对汉字笔画进行分离或简化而来。统计发现，女书文字与汉字形义明显相当者约有140字，主要有刀、人、水（见图2-3）、牛、但、酒、全（见图2-4）等，其中约56字与汉字几乎完全一致，另约9字为汉字左右翻转形成，如大（见图2-5）、夫、上、快、吞、旨等字。此外，对汉字进行各种改造的字还有70多个，如白、正、早（见图2-6）、埋、清、背等。①

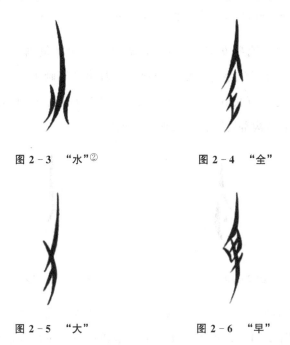

图2-3　"水"②　　　　　　　　图2-4　"全"

图2-5　"大"　　　　　　　　图2-6　"早"

具体来看，女书文字与汉字的关系大致可以分为以下五种。

一是增减法。有的女书字在汉字的基础上增加笔画，如女书字"归"（见图2-7）构形时，除了按照常规将原汉字进行倾斜，更是在"彐"字的左边增加一撇。有的女书字在汉字的基础上减少笔画，如女书字"天"（见图2-8），除了按照常规将原汉字进行倾斜，还删减右边的一捺形成新字；

①　赵丽明，宫哲兵．女书：一个惊人的发现［M］．武汉：华中师范大学出版社，1990：70.
②　图2-3至图2-17女书字取自在线女书字典网站《女书规范字书法字帖》转换器［DB/OL］．（2024-10-23）．https：//nushuscript.org/unicode/.

又如女书字"听"（见图 2-9），也是将原汉字进行倾斜后，删减一横，并缩短一竖。

图 2-7 "归"   图 2-8 "天"   图 2-9 "听"

二是缩延法。有些女书字在汉字基础之上缩短其笔画，如女书字"寸"（见图 2-10），在对汉字进行整体倾斜后，对第二笔画进行缩短。有些女书字在汉字基础之上延长其笔画，如女书字"义"（见图 2-11），首先对汉字"义"进行上下结构翻转，再延长那一"点"。

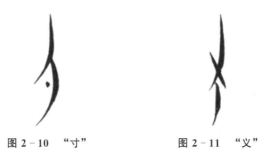

图 2-10 "寸"   图 2-11 "义"

三是改变笔画走向法。部分女书字通过改变笔画方向进行变形，如女书字"已"（见图 2-12）；更多的女书字则是通过对汉字部件进行移位来实现变化，如女书字"你"（见图 2-13），将汉字"你"中左侧的单人旁下移，使结构由左右变为上下。

图 2-12 "已"   图 2-13 "你"

四是点弧取代法。君子女创新性地采用点或弧替代诸多汉字笔画，以凸显个性和审美，使得女书文字与原汉字的形态产生较大变化，如女书字"来"（见图 2-14），使用两点取代了原本汉字的一撇一捺。又如女书字"柱"（见图 2-15），在构造上保留了原汉字的左右结构，再在左侧以两个弧形笔画替代了原本的"木"部首。

图 2-14 "来"　　　　　　　图 2-15 "柱"

五是类化重复法。在女书文字的创作过程中，君子女会将两个不同部件的简化形式组合在一起，形成一个新的字体，如女书字"明"（见图 2-16），便是将汉字"月"部件的两横简化，再把左边的"日"部件同化为简化后的"月"部件形态，从而创造出一个新的女书字。又如女书字"各""搁"或"阁"（见图 2-17），先运用两个由弧组成的笔画代替偏旁部首，再保持其上下结构写两个类化的"夂"。

图 2-16 "明"　　　　　　　图 2-17 "各""搁""阁"

总而言之，女书文字作为一种音节文字，虽然在选字原理上并无奇特之处，但其独特的女性专属文字传播符号的身份，使得女书在世界文字史和传播历程中具有独特地位。①

---

① 汤宏建."女书"的传播学价值 [J]. 电影评介，2006（22）：89.

二、女书文字载体

女书文字载体类型种类繁多，至今女书文字载体大致有三种形式，即传统女书文字载体、商业化实物载体以及数字化虚拟空间。

第一，传统女书文字载体。自古以来，女书文字载体主要包含三朝书、纸书、织物等。其一，三朝书。三朝书是女书最具特色的传统载体。所谓三朝书，是指湖南省江永县及周边地带，母亲或新娘的女伴们使用独特的女书字书写的婚嫁辞书。这些辞书会在新娘婚后第三天，也就是俗称的"贺三朝"仪式中赠送。这一天清晨，新娘的娘家会准备好包括"三朝书"在内的诸多礼物，如特别制作的"三朝糍"糕点、亲朋好友及女友们送的糖果等，一同由新娘的女性亲友送至男方家中。三朝书是专为这一仪式而准备的，新娘在收到三朝书后会将其终生珍藏。如图 2-18 所示，三朝书由三层布料制成，外层为黑色土布，内层为蓝色丝绸或布，中间为一层细布，颜色多为浅蓝色。封面饰有精美的花纹栏杆和红色托边，内部装帧柔软，共计十二页至十四页。三朝书除了用来书写女书作品，也可用来存放女红针线、剪纸图案等，它既具有书的功能，也可当作女红用品收纳盒使用。三朝书的内容主要包括女性亲友对新娘美满婚礼的祝福、对娘家良好氛围的赞美对婆家的家庭氛围的称赞，以及表达捐赠人对新娘离去的心情和自己的苦情。然而，由于历史原因，大量三朝书在"人亡书焚"的习俗下不幸损毁。如今，现存的三朝书数量极少，大多被全球各地的学者收藏，成为珍贵的历史文化遗产。

其二，纸书。纸书主要涵盖两种主要载体——纸文及扇书。纸文，顾名思义就是在纸上创作、记录女书文字，这也是女书最基本的传播、传承载体。女书历来传女不传男，而被称为"女书研究第一人"的周硕沂却是一名男性学者。他与女书的缘分就是始于一本纸质女书。1955 年周硕沂有幸结识了胡慈珠（？—1976 年）。相识的当天，胡慈珠便献上了一篇名为《女书之歌》的纸稿。从那时起，每当周硕沂下乡进行辅导工作，胡慈珠都会竭力为他提供关于女书的各类资料。在她的鼎力相助下，许多闺阁中的秘闻得以传播至研究学者之间。如今，胡慈珠留存下来的女书作品主要包括《女书之歌》《西静姊妹进花园》《胡慈珠自传》《慈珠劝解宝珍书》等。在这些作品中，她以独特的视角和才情展现了女性世界的丰富多彩，为后人留下了宝贵的文化遗产。然而，同样因为"人亡书焚"的缘故，女书自然传承人留存于世的纸文也寥寥无几。

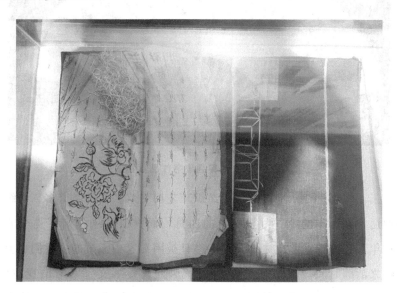

图 2 - 18　上江圩生态女书园"三朝书"实拍图

扇书（见图 2 - 19）由纸文发展而来，又由于其构造比纸书更美观且易于保存，被用作女书核心流传区姐妹之间的联谊礼物，也是三朝贺礼、祈福许愿的物品。在过去漫长的封建社会岁月里，当地的妇女们大多居家纺织，以此维持生计。她们会聚在一起，三五成群地边纺纱边聊天，以此排解生活中的寂寞。她们会在白色的纸扇上写下女书诗文，然后聚在一起吟咏唱和。这种"读扇"活动成为江永地区女性的一种文化娱乐方式。同时，年龄相近的女子们也乐于结"老同"或认姊妹。结拜姊妹彼此间常常互赠白纸扇子，扇面上题写女书。文字内容有的赞美对方，有的书写自己的艰辛。这些纸扇不仅仅是一种礼物，它们还承载了女性的信仰和心愿。在节日或者祈祷的时候，当地女性会将心中的愿望写在扇面上，然后跪拜祈福，吟诵扇面上的诗文，最后将扇子焚毁，以此表达她们对美好生活的向往和对困苦的不屈。

图 2－19　周善强扇书作品实拍图

其三，织物。江永地区的民间纺织工艺历史悠久，种类繁多。纺织的生产周期通常在每年的十一月至次年的四月，而女红的创作则不受季节的限制，全年都在进行。除此之外，那些整日被困在家中无事的少女们也会通过做女红来消磨时间，被称为"楼上女"。因此，女书文字常常出现在巾帕、织带等纺织品中。巾帕（见图 2－20）既方便随身携带，又方便姐妹之间沟通和通信，还可以在祭祀活动中祈求福祉。在新中国成立前，江永花山庙一直是女书活动的中心地带。每当庙会举行，邻县的妇女都会前来参加，绣有女书的巾帕一般是她们的必带品。在巾帕上，她们会书写祈福的女书文字，仪式结束后，再将这些巾帕烧毁。这种巾帕的刺绣主要以女书文字为主，图案为辅。许多装饰图案以植物或动物图案为基础，展现了女性的独特审美和对美好生活的向往。织带（见图 2－20）通称花带，在当地妇女的日常生活中极具实用价值。具有女书特色的"八宝被"其实就是由多根织带缝合相连而成。植物、女书中的单字和民间传说等都是织带的装饰题材。

第二，商业化实物载体。随着时代的发展，改革开放后的中国迎来了商业化的大潮，这也为传统文化的传承和创新带来了新的机遇和挑战。女书作为中国传统文化的重要组成部分，其商业化实物载体的涌现成为女书传播的重要推动力。现阶段女书的商业化主要是将女书文字附着在实物产品之上（见图 2－21），以商业手段传播和推广，从而使女书在现代社会中焕发新的活力和价值。女书文字的商业化实物载体呈现出多样性和创新性。其中，女书文创产品成为商业化实物载体的重要代表。女书文创产品融合了传统女书文字元素与现代设计理念,如女书文创手工艺品、文创文具、服饰等。这些产品以其独特的文化内涵和精湛的工艺吸引着越来越多的消费者,使得女书在商业领域得以延续与发展。

图 2-20 上江圩生态女书园巾帕、花带实拍图

图 2-21 女书茶壶套装图

第三,数字化虚拟空间。数字化虚拟空间作为载体,是女书未来传承与传播的大势所趋。1996 年,尼古拉·尼葛洛庞帝(Nicholas·Negroponte)

便意识到"计算将不再是计算，数字化将决定我们的生存"。[①] 随着数字、网络、信息通信等技术突飞猛进的发展，"互联网＋"时代随即降临。"互联网＋"时代的到来，促使媒介形态发生着深刻变革，突破传播时空局限，使文本在形态上得到充实，给人带来了更加赏心悦目的视听享受。伴随 Web 3.0 到来的是社会化媒体崛起，网络传播去中心化特点愈加显著，每一条信息都是独立的，人人能传。借助媒介技术，女书最初所倚重的口头与书面两种传承形式，被不断地补充与优化，随着各种虚拟数字传播方式的出现，女书渐渐由"宗祠"以及"闺中楼阁"走向更大的世界舞台，由小众且本土的亚文化走向主流文化。例如，谭盾的微电影交响乐《女书》便是一种将现场乐队演奏的乐曲与微电影中收录的原生态女书吟唱相结合的多媒体音乐形式。这种创新的表现方式，为听众带来了独特的听觉美感，同时也引发了他们对这一特殊文化的深入思考；又如"在线女书字典"的面世，为女书文字的规范化与传播发展起到了实质性的推动作用；再如女书文字游戏《字源奇说》（见图 2 - 22）、女书冒险情境类游戏《女书》等数字化游戏的出现，更是让大众感受到了女书未来发展的无限可能性。

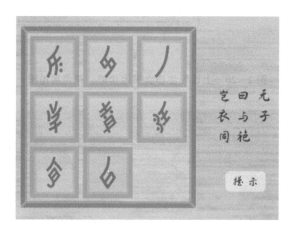

图 2 - 22　女书游戏《字源奇说》[②]

---

① 尼古拉斯·尼葛洛庞帝 . 数字化生存 [M]. 胡泳，范海燕，译 . 海口：海南出版社，1996：102.

② 女书游戏《字源奇说》图片 [EB/OL]. (2024 - 10 - 23) . https：// mp. weixin. qq. com/s/Z2xitnvyqVPUtqxtj4HBng.

三、女书文本作品特征

女书作品是典型的民间口头文学,[①] 主要供女性友人进行阅读和吟唱。在这些作品中,七言或五言韵文是主要的文体形式,散文的比例相对较低。女书文本作品既没有标题,也没有标点符号,更没有段落划分,一书到底。

女书原始文本汇编最经典的合集有赵丽明的《中国女书合集》和谢志民的《江永"女书"之谜》。其中,前者共汇集女书原始文本 652 篇,共计221000 字;后者共汇集女书原始文本 205 篇,共计 63665 字。女书文本作品涵盖的内容极为广泛,从不同角度反映了昔日当地女性生活的方方面面。在女性相约或结拜姐妹时,她们会用女书书写结交书;在表达爱慕之情时,女书便成为情歌的载体;在出嫁及婚礼场合,女书则化作哭嫁歌和三朝书;在育儿过程中,女书成为儿歌、谜语的来源;甚至在祭拜活动中,女性们也会用女书书写祷文。君子女将自己的热情毫无保留地倾注到女书中,使其在当地女性生活的各个阶段和场合得到广泛应用。可以说,女书全方位地记录了当地女性的成长历程和情感世界,女性始终是女书文本作品的核心主角。

综合来看,女书文本作品的体裁主要包括"书信、抒情诗、叙事诗、束帖、哭嫁歌、歌谣、儿歌、谜语、祷神诗和唱本(翻译和改写汉语作品)等"[②]。根据创作水平的不同,女书文本可以大致划分为三个类别。

(一) 原创类作品

原创类女书作品无论是口语表达,还是文字记录,均以君子女为主体独立进行。她们从生活中挖掘灵感,炼词造句、连句成段、集段成篇。原创类女书作品主要涵盖了新婚祝福、姊妹结拜、寡妇泣诉等方面的书信,还有贺词、祭文、传记、家庭历史等类型的作品。

君子女的自传诗文是女书原创类作品的典型代表,其中较为知名的有《高银仙自传》《义年华自传》《胡慈珠自传》。女书传记里的女性多有不幸出

---

① 宫哲兵,刘自标. 女书与妇女文学 [J]. 湖南大学学报(社会科学版),2004(1):44.
② 易叶舟. 世界唯一的女性文字:江永女书漫谈 [J]. 华夏文化,2008(3):60—63.

身，很多都是少年失了亲、中年失了夫、晚年失了子，一生无所依傍。她们用女书写尽心中的无限悲凉，以女书为工具抒发并疗愈内心的伤痛。

胡慈珠的坎坷命运可谓是许多君子女人生的缩写。她年少时便父母双亡，孤苦无依，百般凄凉。《胡慈珠自传》中，她描述了自己出生时父亲已经去世的情况，当地人称这类女孩为"隔天女"。诗中写道：

亲笔写书折扇上　诉我可怜落扇中
一气我爹没世上　二气命中不如人
三气前生我没份　写上扇上传四边
娘守空房隔天女　守到如今不如人
公姥所生爹一个　亦没同胞伯叔爷①

胡慈珠 12 岁时，母亲也遗憾离世：

有田有地无人种　请人种田十分难
看人有爹如珠宝　阿娘憔枯真可怜
日夜哭得肝肠断　几时养大女儿身
自思自想安心过　养大女儿有开心
阿娘养我十二岁　再复阿娘又落阴

年幼的胡慈珠在父母双亡后陷入了孤苦无依的绝境：

没娘没爹哪样过　是我可怜陪哪个
只有姑孙同陪坐　一家事情倚哪个
透夜哭娘如刀割　哪个尽心照顾身
面前亦没乘凉树　背底亦无靠背山
亦没娘舅来照顾　亦没姨娘惜疼身
外婆年高落阴府　日夜哭愁人不知

《胡慈珠自传》是一首表达个体在命运面前无奈和无助的情感诗歌，具有一定的文学价值，也在一定程度上反映出女书原创类作品书写真实、情感

---

① 赵丽明. 中国女书合集［M］. 北京：中华书局，2005：759.

真挚、语言简练的特点。其一，书写真实。胡慈珠亲自书写了自己的遭遇与体悟，诗歌中传达的痛苦、无奈以及抗争情绪，都是她切身经历的写照。例如，"一气我爹没世上，二气命中不如人，三气前生我没份"，这一诗句真实地表达了她面对命运不公的无奈与愤怒。这些原创类女书诗文，是女性作者用自己的笔墨描绘的真实生活，具有较高的真实性。其二，情感真挚。此诗歌情感真挚，充满了对命运的无奈、悲伤、愤怒与抗争。例如，"没娘没爹哪样过，是我可怜陪哪个"，诗行间透露出她在命运面前的悲伤与无助；再如，"看人有爹如珠宝，阿娘憔枯真可怜"，揭示了女性在男权社会下生存的不易，表达了作者对母亲的同情与对自己命运的悲痛。此类诗歌传达了作者真挚的情感，令人感同身受。其三，语言简练。此诗歌采用了五言绝句的形式，结构紧凑，对仗较为工整，语言简练、质朴，贴近生活，具有较强的表现力。例如，"有田有地无人种，请人种田十分难"，用简洁的语言描绘出生活的艰辛。

另外，家庭历史类的女书原创文本作品在女书文本中是特殊且重要的存在。"尽管这些乡村妇女的生活空间很有限，生活的内容相当单调，但她们却对历史和现实的政治事件相当敏感，并及时在'女书'作品中反映出来。"[1]《抽丁怨》《抽兵歌》《林大人禁烟歌》《抗日战争纪事歌》《寡妇受苦歌》《义井居传》等一系列家庭历史类女书原创文本都是对中国诸多重大历史事件的展现。区别于主流社会中历史传记的宏大叙事风格，女书中有关历史事件的叙事是紧紧围绕女性和家庭展开的。女书里的家庭历史类文本着重于展示战争对个体命运的深刻烙印，特别关注战争对女性群体及其家庭生活的冲击。女性作者才更可能聚焦描述女性在战争中的真实经历，并从女性视角阐释对战争的思考。正是因为有女书的存在，乡村妇女才获得了书写自我和自我书写的可能。

《抽兵歌》记录的是丈夫在战争中被抽丁之后，一家老小所面临的重重苦难。

---

① 赵丽明．"女书"：一种特殊的妇女文学［M］//宫哲兵．妇女文字和瑶族千家峒．北京：中国展望出版社，1986：61—84．

......

父母生下如珠宝　　压迫当兵奈不何

如今世界是不好　　人人养崽去当兵

崽去当兵无人做　　可怜家中无少人

心中想起多疼惜　　父母妻子泪双流

当兵之人尽不算　　路上枯骨白如霜

一仗失兵无千万　　再抽独子断肝肠

父母心中如刀割　　妻子儿女靠何人

一家老少呜呜哭　　哭得三魂少两魂

抽了丈夫无人做　　女人不能种田庄

父母逼得自缢死　　妻子逼得改步行

透夜不眠透夜哭　　一家大小拆散行①

这是一首典型的以战争为主题的诗文，但它深入探究的是战争对普通民众家庭生活的改变。诗文表达了战争使家庭失去劳动力，父母失去独子，妻子失去丈夫，儿女失去父亲，家庭成员在情感受到重创的同时物质生活也不可逆转地陷入严重的困境。"一仗失兵无千万，再抽独子断肝肠"深刻描绘了战争的残酷性，一个家庭失去了独子，这将对父母的心灵产生巨大的冲击，也说明战争带来的人口和家庭问题；"一家老少呜呜哭，哭得三魂少两魂"描绘出整个家庭成员强烈的感情表达；"抽了丈夫无人做，女人不能种田庄"揭示出女性在家庭和社会中的角色改变，丈夫被抽丁后女性不再能够维持家庭的农业生计，这对女性和家庭经济产生了深远的影响；在情感与物质的双重打击之下，"父母逼得自缢死，妻子逼得改步行"，"改步行"即改嫁，父母自杀妻子改嫁，家破人亡被女书诗文具象化地展现在读者眼前。这首诗文作为女书的代表，让大众听到了乡村妇女的真实呼声，看到了处在战场大后方的女性同样深受战争的迫害，对大众理解和认识战争提供了独特而重要的视角。

---

① 赵丽明．中国女书合集［M］．北京：中华书局，2005：2531.

(二) 改写和翻译类作品

改写和翻译类女书作品是以女书文字重写的通俗汉字文本。间或需要根据方言进行汉语词语的本土化翻译，即将古代或现代汉语的书面通用语转化为江永地区的方言。[①] 这种翻译过程可以看作整个民族传统文化在当地的成功移植。[②] 翻译类长篇叙事诗有《梁祝姻缘》《孟姜女》《卖花女》《罗氏女》《鲤鱼精》等；翻译类古诗词有《登黄鹤楼》《静夜思》等。

《梁山伯与祝英台》作为中国古典四大民间爱情传说之一，自东晋时期起，已在民间广为流传长达 1700 多年。这个感人至深的爱情故事，家喻户晓，被誉为千古不朽的爱情绝唱。在女书诗文中，也有《梁山伯与祝英台》的经典翻译作品——《梁祝姻缘》。女书版《梁祝姻缘》除了保留经典汉文版文本中的主要情节如求学、十八相送、求婚等，亦融入了许多宗教信仰的故事元素。例如，英台在回家途中对山伯有所暗示，山伯百思不得其解，只好在离别后去占卜了一卦。文中写道：

山伯一见英台去　心中愁迷好凄凉

想起英台说起话　句句言语是难详

君子有言本思问　不问明时心不安

请个西生见一卦　西生见卦好吉祥

一见情人去不远　二见婚姻正相当

相公即起归家去　不必守念快回乡[③]

故事的最后，英台与山伯二人没有如传统版本的《梁山伯与祝英台》那般化作蝴蝶，而是化身为一对鸳鸯，并且还说：

山伯金童来降世　英台玉女下凡尘

二人尽是天堂去　玉皇台前去问安

从女书版的《梁祝姻缘》可以看出，女书作品的改写和翻译是一种再创作的过程。君子女们从她们的日常生活中汲取创作灵感，对经典文学作品进

① 周硕沂. 女书字典 [M]. 长沙：岳麓书社，2002：14.
② 乐伶俐. 女书的教育解读 [J]. 湖南师范大学教育科学学报，2006（5）：80.
③ 赵丽明. 中国女书合集 [M]. 北京：中华书局，2005：1410.

行艺术性的再加工与再创造，这是对经典文学作品的"在地化"实践，使得"阳春白雪"被未受过教育的妇女广泛接受。

(三) 记录类作品

记录类女书作品将民间口头中的现成作品用女书文字记录，主要内容有歌谣、哭嫁歌、民歌、儿歌、谜语等作品。其中又以在女书流传核心区传唱不衰的《女子成长歌》最具代表性：

一岁女　手上珠　　二岁女　裙脚拥

三岁学行亦学走　　四岁提篝入菜园

五岁跟婆摘董叶　　六岁和姥养蚕蛹

七岁拿篮绩细锭　　八岁上车纺细纱

九岁裁衣又学剪　　十岁拿针不问人

十一织罗又织棉　　十二抛梭胜过人

十三梳头头扭界　　十四梳起亲乌云

十五正当爷者女　　十六媒人拨不开

十七接起郎茶信　　十八亲爷打嫁妆

十九台头簪贺位　　二十上厅酬谢娘

酬谢爷娘养大女　　酬谢公姥养大孙①

《女子成长歌》作为一部女书记录类文本作品，用极具民歌韵律美学的简洁语言深刻地反映了女性从诞生到 20 岁的成长历程、社会角色、地域文化和家庭生活。首先，它提供了女性视角下的生活实录，丰富了中国文学史上女性形象的表现。其次，它反映了中国传统社会对女性角色的期待和规范，有助于大众理解性别关系的演变。再次，它记录了地域文化特色，如纺织技艺、婚姻习俗等，为大众了解中国旧社会提供了生动的素材。最后，它以民歌的形式传承了民间文化，具有抢救和保护民间文化遗产的意义。

《菜谱》也是一篇语言简练通俗却具有丰富文化内涵的女书记录类文本作品（见图 2 - 23）。

---

① 赵丽明. 中国女书合集 [M]. 北京：中华书局，2005：981.

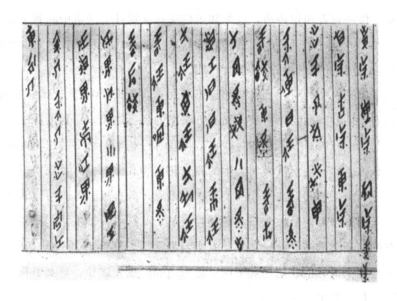

图 2 - 23 高银仙《菜谱》影印版

黄瓜 线瓜 西瓜 香瓜 北瓜 苦瓜 冬瓜 瓠子 豆角 辣椒 秋茄 蕹菜

春种春吃 冬种春收 七月种葱 八月种蒜 调羹白 白菜 芹菜 大菜

甜菜 大头菜 春菜 冬苋冬种 春后吃 红薯 灰薯 水薯 荔甫薯 脚掌薯

雪豆 秋豆 管甑 落花豆[①]

《菜谱》并不是对食材的简单记录，它蕴含了当地女性丰富的生活智慧。"春种春吃""冬苋冬种"等语言指导着在家庭生活中担任重要角色的女性何时种植和食用不同的食材，传达着关于季节性和可持续食物生产的经验，包含着诸多传统养生和节气知识。这种生活智慧反映了女性的实际需求和日常生活实践，同时传达了对养生和饮食的关注。从文字记录与文化传承的维度分析，以《菜谱》为代表的女书记录类文本作品以女书文字记录的方式将民间口头文化赋予书写形式，为口头文化的保存提供了珍贵的载体，同时也体现出男权社会下女性群体独特的文化表达需求，展现了女性参与文字使用与传统文化传承的积极性和能动性；而从女性社交与教育维度分析，女书记录类文本作品在女性社交与教育中扮演着重要角色。君子女通过分享文本中的

---

① 赵丽明. 中国女书合集［M］. 北京：中华书局，2005：939.

内容对女性进行着知识传递，这种知识传递在女性社交网络中起到了教育和互助的作用，增进了亲情、友情和社交联系。这种社交延续维系了女性的文化认同，也展现了女性社群的教育功能。

女书以其独特的符号艺术风格跃然于世。斜菱形的线条轮廓纤细修长，字体既有女性特有的阴柔之美，又有方块字的劲挺之风，作为借源汉字的女书文字与汉字有着千丝万缕的关联；载体既有三朝书、纸书、织物等传统女书文字载体，又有使女书焕发新生的商业化实物载体，也有承载女书发展未来的数字化虚拟空间；文本作品类型丰富多彩，既有极其考验写作者文化及文学素养的原创类作品、改写和翻译类作品，又有对日常生活、民俗文化如实记载的记录类作品。符号文字是女书自我展现与传承传播最基本的形式，是理解当地民俗习俗、挖掘女书深层思想内涵的重要途径，对女书符号的研究极具文化及学术研究价值。

第三节　生活的向导：女书的民俗文化土壤

女书核心流传区及其近邻地带内独具一格的民俗文化传统是女书赖以生存的根基，是它让女书成为一个活态的文化生态系统，也是它犹如沃土般滋养孕育着女书，以使女书文化走向繁荣。

一、培育于结拜习俗的女书

历来在江永"有迟至三十而嫁者，此风桃川大甚。其母亦为女计消遣，访他家之女年貌相若者，使其女结为内交，彼此旦夕相处，以切针弊。其间无他虑，而有用之年华已消磨于不觉"。① 这种在女性间盛行的结拜习俗，被当地人称为"结老庚"或"结老同"。这一习俗与当地特有的"不落夫家"风俗相辅相成。通常结拜以单数为单位，如七个女性的姐妹团经常被称作"七仙女"。根据年龄和经历的差异，结交姐妹可分为婚前少女型和婚后中老

----

① 李庆福. 女书文化研究［M］. 北京：人民出版社，2009：54－55.

年型两类，偶尔也会有跨越年龄差距的忘年之交。虽然时代变迁，但结拜姊妹这一风俗仍在江永县保持着旺盛的生命力。她们一起参加各种传统节日，互相扶持，共同面对生活中的种种挑战。在这种关系中，年龄不再是问题，她们的心灵彼此相通，成为生命中不可或缺的伙伴。结拜后，姐妹间便频繁创作相关女书诗文（见图2-24）、女书刺绣等女书作品以供日常来往礼赠，在女书的世界中互诉衷肠、增进情谊。

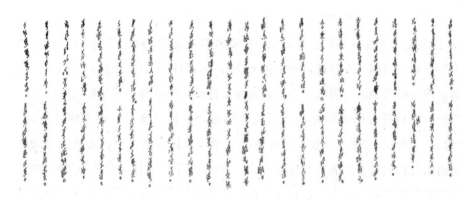

图2-24　义年华《我来结个姊妹娘》影印版①

从君子女义年华所作的女书作品《我来结个姊妹娘》中，大众能够对女书核心流传区的结拜习俗有一定直观的了解。诗中写道：

把笔修书长留记　　我来结个姊妹娘

我来结个亲姊妹　　结拜连襟两位人

好朵红莲踮石上　　好树红梅落井中

落入井中熏蒿尾　　时时蒿尾在心前

……

接你耳环是三对　　接你棉花十八斤

今年接了你的礼　　自然年尾赔你情

今年年中闰六月　　与娘做双闰月鞋

广西缎子剪七寸　　做双寿鞋插寿花

---

① 赵丽明. 中国女书合集［M］. 北京：中华书局，2005：2227.

绸缎衣裳做一件　　做裁大胆贺交生
恭贺寄娘增福寿　　不嫌寄女手脚粗
请敬寄娘高堂坐　　深深拜谢你好恩
到你家中住几日　　心中思想要回家
一行行到停人地　　见了我家苦宅场
是我命薄生得丑　　命薄生在庚申年
……

《我来结个姊妹娘》是一首典型的女性社交叙事诗歌。诗歌以"把笔修书"开始，强调了女性通过女书诗文的书写和创作来自我表达并缔结情感联结。诗歌中提到的结拜关系不仅仅是象征性的，结拜姊妹间缔结情感的方式不仅包括物质上的礼物互赠，还包含情感上的情绪支撑。诗文中"耳环""棉花""寿鞋""绸缎衣裳"等礼物的馈赠，都是当地女性在力所能及的范围内通过物质互赠来表达情感的方式。"今年接了你的礼，自然年尾赔你情"在物质生活贫瘠的过去，这种实实在在的物质帮扶强化了结拜姊妹之间的联结；而"苦宅场""命薄""生得丑"等自我厌恶式的表达，实质上是女书诗歌为结拜姊妹提供了一个情感出口，让姊妹能够宣泄彼此的苦痛，为生活的不如意建造一个临时的庇护所。

君子女通过结拜姊妹来创建自己的社交网络。这种社交联系超越了日常生活中的家庭和社交圈，强化了女性之间的情感联系。通过结拜姊妹，君子女在社交中建立了自己的新身份，这不仅是在原生家庭中作为女儿、姊妹、母亲的延伸，还是一种独立于家庭的社交身份。这种社交身份使君子女能够在社交和文化环境中发挥积极作用，他们勇于表达自己的情感和观点，互惠互助，在相互治愈之中给予彼此前行的力量。

二、根植于节日习俗的女书

节日，是一个文化节点，它集中反映了民众的精神生活，有利于调节人与人、人与万物之间的关系，是群众抒发情绪、表达情感的一个重要途径。潇水流域长期的瑶汉民族混居导致女书核心流传区节日混俗特点明显。春节、清明、端午、中元、中秋、重阳，这些是汉族传统节日，当地瑶族也庆祝；而赶鸟、盘乇、达努、尝新等，则是瑶族节日，汉人也参与其中。可谓是每月都有节，且节节都与妇女息息相关。“女性为主体意识参与或女性意识较强的节庆，是女性文化展示风光的难得的舞台。”① 以自愿为基础的女性交往网络随着当地这些丰富多彩的传统节日与礼仪逐渐建立起来。

以女书核心流传地盛行的“妇女节”——斗牛节为例。每年农历的四月初八的“斗牛节”，亦被称为“姊妹节”或“女儿节”，是一个专为女性设立的节日。因为四月初八是传说中的牛神的生日，故名为“斗牛节”。斗牛节有典型的排他性，只许女性参加，男性必须回避。在这个节日里，尚未出嫁或新婚仍居娘家的女子会聚集在村中待嫁的姑娘家中（如果没有这样的人家，她们便会前往最年长的姑娘家），共同举行欢乐的聚会。在这个专属女性的节日里，姑娘们在一起畅所欲言，或谈论着女书的新作，或评议着彼此的刺绣技艺，或结伴出游，欣赏大自然的美景，品尝美味的食物。她们在这特殊的一天将生活中的压力和忧虑暂时抛诸脑后。斗牛节不仅是她们展示自己才华和技艺的平台，更是加深姊妹间感情的纽带。

六月六日的“吹凉节”也是当地女性欢聚一堂的重要节日。这天，已成婚的妇女回到娘家，与亲朋姊妹共度佳节，畅读女书。娘家为女儿们准备了丰富的佳肴以及寓意清凉的纸扇，以此迎接她们回家。在当地，是否过“吹凉节”关乎着一家的体面。在炎热的夏季，未婚及新婚的女子们会寻找树荫、水边或通风凉爽的地方，共同书写结交书、倾诉离别之情、唱起吹凉歌。在这个特殊的节日里，她们在清凉的环境中享受彼此的陪伴，寻找心灵的慰藉。“吹凉节”不仅是女书流传区女性度过炎热夏日的美好时光，更是一次情感的交流和心灵的洗礼。这个节日既体现了当地女性之间的深厚友谊和团结互助的精神，也彰显了女性在家庭中的重要地位。

除此之外，当地的其他节日也对女性有着独特的意义。正月元宵节，女子们会相互邀约，结伴歌唱，欢庆这个寓意团圆的节日；二月初一的赶鸟节，姑娘们纷纷回到娘家，共度“朱鸟”佳节，此举被视为吉祥的象征；到了三月清明，女性们会参与扫墓活动，焚烧女书以表达对先人的怀念之情；

---

① 赵丽明．女书与女书文化［M］．北京：新华出版社，1995：85.

步入五月，花山庙会之际，女性们会焚烧女书，祈求仙子赐福；七月半的鬼节，已嫁娶的女子会回家祭拜；而在九月的庙会祭神活动中，出嫁的女儿们也会返回娘家庆祝"神节"。

江永县及其周边地区浓厚的节日习俗文化在女书诗文中也有诸多记录。例如《十二月看娘歌》：

正月有心归望驰　　驰娘留女过新年
他家亦有新年节　　不比在家做女时
做女风流真风流　　做妇风流眼泪流
二月有心归望驰　　驰娘留女过拘鸟
他家亦有拘鸟节　　不比在家做女时
做女风流真风流　　做妇风流眼泪流
三月有心归望驰　　驰娘留女过清明
他家亦有清明节　　不比在家做女时
做女风流真风流　　做妇风流眼泪流
四月有心归望驰　　驰娘留女过斗牛
他家亦有斗牛节　　不比在家做女时
做女风流真风流　　做妇风流眼泪流
五月有心归望驰　　驰娘留女过端午
他家亦有端午节　　不比在家做女时
做女风流真风流　　做妇风流眼泪流
六月有心归望驰　　驰娘留女过吹凉
他家亦有吹凉节　　不比在家做女时
做女风流真风流　　做妇风流眼泪流
七月有心归望驰　　驰娘留女过月半
他家亦有月半节　　不比在家做女时
做女风流真风流　　做妇风流眼泪流
八月有心归望驰　　驰娘留女过神堂
他家亦有神堂节　　不比在家做女时
做女风流真风流　　做妇风流眼泪流

九月有心归望驰　　驰娘留女过重阳

他家亦有重阳节　　不比在家做女时

做女风流真风流　　做妇风流眼泪流

……①

诗文中所提及的"新年节""拘鸟节（赶鸟节）""清明节""斗牛节""端午节""吹凉节""月半节""神堂节""重阳节"等一系列节日，都是深受当地人看重，且与女性密切相关的节日。虽说具体的节日习俗不尽相同，但君子女们通过节日契机相聚，短暂却尽兴地在人为打造出来的半封闭式女性社交圈内相互哭诉、彼此治愈、嬉笑打闹，甚至彻夜狂欢。正是这些多元丰富的节日，为女书提供了生根发芽的沃土。无数妇女会在节庆里聚会嬉戏，倾吐离别之情，祈求神灵护佑。她们把文字游戏和生活乐趣融为一体，让女书在欢声笑语中流传开来。这种节日文化的滋养，使女书得以在姊妹们的世界里休养生息。因而，赵荣学认为："这些节日产生的时候，也可能是女书萌芽的时候；这些节日最兴盛的时候，也就是女书最流行的时候；这些节日冷落的时候，也就是女书走向衰亡的时候。"②

三、发扬于婚嫁习俗的女书

婚嫁习俗是女书文化重要的组成部分，也是女书中耗时最长的习俗。婚嫁习俗，不仅使平淡无奇而又压抑不堪的人生丰富而鲜活，亦都负载了女书传承人的寄托与情怀。在瑶汉民族杂居的潇水流域孕育出的是独具特色的婚嫁习俗，也正因为这一独特，才给女书提供了创作的土壤。在女书作品中，反映婚嫁习俗的唱本为数不少。以上江圩乡为例，旧时男人正式娶妻必须按照"择配、下定、过礼、抖气、报期、背书、上头、下红书、迎亲、坐花、吵洞房、出脚等主要过程"③，而女方除了参与"吵洞房、拜堂和出脚外，还要经历愁屋、小歌堂、大歌堂、发亲、割封书、饮三朝、回

---

① 赵丽明. 中国女书合集［M］. 北京：中华书局，2005：3242.

② 赵荣学. 保护女书文化的视角和策略：试谈江永妇女节日文化及歌舞习俗的传承［J］. 湖南科学院学报，2006（2）：31.

③ 谢志民. 江永"女书"之谜（下卷）［M］. 郑州：河南人民出版社，1991：1877.

门等过程"①。

以坐歌堂为例。遵循女书之乡的传统风俗，歌堂坐落于家族祠堂的中央大厅，此处设有八仙桌和长条凳，同时还精心准备了各式糖果、美酒和佳肴。歌堂一般分为三段，即愁屋、小歌堂以及大歌堂。② 在这样一个充满喜庆与欢乐的场所，人们欢聚一堂，共度美好时光。

第一阶段为愁屋。愁屋在结婚前三天举办，新娘家中邀请来伴奏师和数位歌伴，共同演绎女书歌曲。领唱环节由村中福运佳、家庭美满的妇女担任。这些妇女不仅熟悉女书歌曲，还掌握相应的礼仪规范以指导表演。在领唱妇女唱响彩头歌的第三句歌词时，新娘则在闺房内接唱出哭嫁歌，众歌伴也紧随其后。歌曲内容相对固定，一般都是表达新娘离别故土的依依不舍之情。以《新娘五更愁》为例：

一更愁　水渍六楼无聚楼

无者聚楼双溢水　双双溢水泪双流

二更愁　黄龙溜过亲床头

亲者床头滔滔水　是女过他泪双流……③

第二阶段为小歌堂。结婚前两日晚间，是小歌堂的活动时间。现场依然设在祠堂，举行一场盛大的酒宴。举办"上位""下位"仪式前，需从新娘亲朋中选出 12 位德才兼备、父母双全、经济条件优越且未婚的少女担任"座位女"，负责陪唱和陪餐。仪式开始，新娘在母亲搀扶下盛妆入堂，座位女分列两侧助其祭祖。新娘落座后，每桌两位座位女会与其合唱《上位歌》：

上位手巾尺五长　围过四边大姊娘

大姊有歌借出唱　不要妹娘起歌声

起得高时人不听　起得低时人不闻

---

① 谢志民. 江永"女书"之谜（下卷）[M]. 郑州：河南人民出版社，1991：1884.

② 谢明尧，贺夏蓉，李庆福，欧阳红艳. 女书习俗 [M]. 长沙：湖南人民出版社，2008：79-103.

③ 赵丽明. 中国女书合集 [M]. 北京：中华书局，2005：3479.

初步出山嫩阳鸟　不会拍翅不会啼……①

随着仪式的落幕，新娘起身离席，座位女紧接着又与新娘一同演唱《下位歌》：

二更量米井头淘　三更洗面炒核馅
四更脚下露红椒　五更托盘来上桥
个个都说女来迟……②

各位亲友云集在祠堂，乡邻亦纷纷前来观礼，共享这欢乐盛宴。吹鼓手频繁演奏，歌声和乐声交织，喜庆气氛延续到午夜时分。

第三阶段为大歌堂。小歌堂次日便是大歌堂，亦是新娘出阁之日。这天的午餐场面更加隆重热闹。入夜后，"座位女"会陪伴新娘走遍村庄，逐家告别，之后返回祠堂，通常新娘需竭力哭泣直至天明，以哭歌回应亲友们的问候和挽留。在大歌堂中，参与者各展所长，或直接献唱，或演奏乐器，或参与仪式，现场气氛热烈。

由此可见，"坐歌堂"的现场气氛十分热烈，堪称当地婚庆活动中最重要的娱乐形式。"坐歌堂"期间演唱的新歌，常常被人们整理成文本或歌本，得以流传。其中，哭嫁歌的数量和类别最为丰富，仅是女书传人何艳新记录下的哭嫁歌便有三十首以上。哭嫁歌哭诉对象繁多，既有以直系亲属为哭别对象的《哭别驰爷》《哭哥哥》《妹哭驰娘》《别娘歌》，也有以旁系亲属为哭别对象的《哭别舅娘》《哭别舅爷》《哭伯娘》《哭表妹》，还有极具民俗色彩的《哭别家神》《哭转箱》等。可以说，新娘哭嫁的对象基本涵盖了新娘原始家庭的整个关系网。由于哭诉对象与新娘的日常生活交集不同，不同的哭嫁歌所传达出来的感情色彩也各具特色。譬如《哭别驰爷》：

……

前朝闹热在驰屋　今日别爷出远乡
设此度做男儿子　在驰身边一世陪③

---

①　赵丽明. 中国女书合集［M］. 北京：中华书局，2005：3971.
②　谢明尧，贺夏蓉，李庆福，欧阳红艳. 女书习俗［M］. 长沙：湖南人民出版社，2008：93.
③　赵丽明. 中国女书合集［M］. 北京：中华书局，2005：3981.

诗歌将"前朝"在家中承欢膝下的热闹场景与"今日"拜别父亲远嫁他乡的苦涩孤寂作对比,将"男儿子"能够"在驰身边一世陪"的幸福与女儿只能"别爷出远乡"的辛酸作对比,一个"设"字,既表达出君子女对男性特权的羡慕,也表达出她们对女子命运不公的愤慨和哀叹,更表达出对不能长久陪伴在父亲身边的遗憾。

与《哭别驰爷》所展现出来的孺慕之情不同,《哭哥哥》则描写了妹妹出嫁前对赌博成瘾的哥哥的责备和告诫。

日头出早热黄黄　　叫哥不入赌钱堂

赌钱堂上好过日　　不失钱来又失日

失了日子由小可　　可怜哥哥坐冷身

叫哥回家着紧做　　隔门伸手悔来难①

诗歌开篇提到"日头出早热黄黄",道明酷暑难耐的炎热天气以及"清晨"这一特殊的时间点,以此映衬出哥哥对赌博的痴迷程度。妹妹讥诮哥哥"赌钱堂上好过日",日复一日地沉迷赌博,不仅挥霍金钱,也在不知不觉中耽误了宝贵的时日。"可怜哥哥坐冷身"则表现出妹妹对哥哥此时狼狈处境的同情,她希望哥哥认清现实,回头是岸,因此写道:"叫哥回家着紧做,隔门伸手悔来难",表现出对哥哥未来命运的忧虑,希望他能够悔改并为家庭负责。《哭哥哥》以朴实的语言道出了作者直白鲜活的性格,身为出嫁女却不减分毫的家庭责任感和对亲人真切的关爱。

从这诸多哭嫁歌中,大众能真切地感受到萦绕在以坐歌堂为代表的女书流传区独特的婚嫁习俗中那些浓烈的情感表达。这一系列婚嫁习俗使得民众在共同的语言文化传统中形成一个个临时集体,在习俗仪式中实现情感的交流与共鸣。

四、传习于女红习俗的女书

自幼学习女红、终身从事女红是无权学习主流文化知识的"楼上女"们

---

① 赵丽明.中国女书合集[M].北京:中华书局,2005:3993.

与生俱来的义务。在日常生活或一些特殊的节日庆典中，结拜姊妹常常三五成群地聚在一起做女红。女书文本《到我高楼去绣花》便为大众描绘了这样的场景：

千家万家我不走　　到我高楼去绣花

绣对金鸡高楼坐　　姊妹二人好喜欢[①]

由于男权社会的压制等原因，旧时的妇女在社会上没有充足的务工机会，女红则成为她们少数可以表现自我价值和技能的途径之一，许多女性只能把提升女红技艺当作毕生的追求以及实现自我价值的方式。女红既是她们在社会中脱颖而出的方式，同时也是一种抗衡男权压制的表达。君子女们相较巧拙，将女红上的女书吟唱传授，女书文本《绣花歌》便是其中的典型代表。

一绣童子哈哈笑　　二绣鲤鱼鲤双双

三绣金鸡同长尾　　四绣海凤李三娘

五绣五子来行孝　　六绣神仙吕洞宾

七绣七仙七姊妹　　八绣光阴坐玉莲

九绣韩湘子吹笛　　十绣梅龙玉愁花[②]

这"十绣"涵盖了女书核心流传区及周边地域诸多广为流传的刺绣样式，这些样式既反映了当地女性的审美趋向，同时也映现了她们丰富的想象力与创造力。

又由于女红具有实际功用及经济效益，当地男性极力支持家中妇女学习女红，女书便更好地以"女红花样"的形式在以男权为主导的社会中隐秘地流传开来。最具女书特色的女红便是"八角花"（见图 2-25），一种由八卦图演变而来的系列图案，展现了君子女在艺术传承中源源不断的创新精神。女红习俗通过其特有的物质文化形式对女书进行传承，成就了女书文化旺盛的生命力和深刻的文化内涵。

----

① 赵丽明. 中国女书合集［M］. 北京：中华书局，2005：943.

② 赵丽明. 中国女书合集［M］. 北京：中华书局，2005：2441.

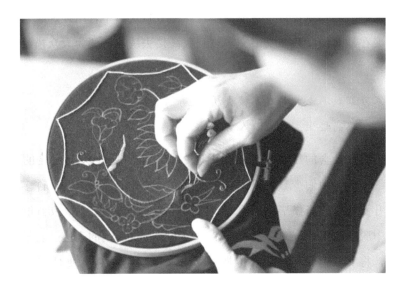

图 2－25　"八角花"刺绣①

　　结拜习俗、节日习俗、婚嫁习俗、女红习俗，以上四类是女书核心流传区及附近地带最为重要的民间习俗，相较于女书文字和女书精神，有其独到的特点。

　　其一，依托特定节日。女书习俗的传播依托于丰富的节日文化。如上文对女书习俗的概述，由于长期的瑶汉杂居，江永可谓是每月都有节，且节节都与妇女息息相关。江永本地各类节日对女书习俗的传播起到了重要的推动的作用。例如，每年农历四月初八的"斗牛节"就是未婚女子相聚写女书、唱女书歌的日子；六月初六"吹凉节"也是姊妹们聚会的节日；正月十五日元宵节、九月庙会等节日也都与女性和女书习俗相关。这些节日为女性结交提供契机，也使女书习俗得以在节日期间通过各类活动展现和传播。可以说，没有这些节庆文化的滋养，女书习俗也就无从生根发芽。节日让女书习俗在特定时间节点汇聚爆发，也为传播者创造了一个安全、自由的环境，使她们能够尽情地表达自我，分享女书文化。可见，丰富的节日文化对女书习俗传播具有重要意义。

---

　　①　"八角花"刺绣图片［EB/OL］.（2024－10－23）. https：// www. sohu. com/na/467348136 _ 267106.

其二，依靠特定群体。女书习俗的传播主要依靠特定的女性群体。这些女性通过日常的朋友聚会、节日庆祝等各类社交活动，成为女书习俗的传承者和推广者。女书习俗使得当地女性的情谊和同性群体间的关联得到了巩固和强化。在这种社交活动中，她们不仅交流日常生活的琐事，更通过共享的女书习俗，增进了对彼此的理解和尊重。这为处于物资匮乏、备受男权压迫的妇女群体提供了精神的慰藉。在困苦中，她们找到了安慰，也找到了力量。这种情感的共享和精神的慰藉，使得女书习俗在女性群体中得以广泛传播，习俗的每一种表现形式都在她们的生活中找到了位置。同时，这些习俗带来的快乐也给这些女性赋予了更多的生命张力。无论是集体的庆祝活动，还是私下的互诉心声，都让她们找到了生活的乐趣。这种快乐感染了每一个人，使得女书习俗在社区中得以广泛传播。女书习俗的每一个环节，都在她们的快乐中得到了放大，成为生活的一部分。

其三，注重仪式感。女书习俗传播强调仪式感，即在传承过程中注重形式和仪式的规范性。例如，"坐歌堂"等传统习俗在表演过程中通常有着严格的规定，包括歌词的唱腔和表演的礼仪等。这些仪式不仅是对传统文化的尊重，也是对特定社会群体的认同。

在女书习俗中，仪式感的体现是多元化的，既包括具有庄重和神圣性质的仪式，如丧葬、婚礼等，也包括日常生活中的小型仪式，如"赶鸟节"聚会等。无论是大型的仪式还是小型的仪式，它们都是女书习俗生活的重要组成部分，塑造了女书习俗的特色和魅力。此外，注重仪式感也有助于强化群体认同感和凝聚力。通过参与仪式，民众可以感受到属于自己的特殊性，从而增强对传统习俗的认同和尊重。同时，仪式也是社交的一种形式，可以增强社区的凝聚力和稳定性。最后，注重仪式感的习俗传播方式也有助于女书习俗的传承。仪式感的强化，使得习俗在传播过程中具有更高的吸引力，从而有效地吸引新一代的传承者。因此，注重仪式感的传播方式对于女书习俗的传播和保护具有重要意义。总的来说，注重仪式感是女书习俗传播的一个重要特点，它不仅塑造了女书习俗的独特风格，也对习俗的传播和保护起到了积极的作用。

其四，融入生活。许多女书习俗已经融入了日常生活。这种高度生活化使女书习俗内化为女性生命的组成部分，从而实现传承的持续性。具体来看，"结拜老同"已经成为女性加强友谊的日常方式，女书习俗通过这种日常交往得以传播；"女红"被视为女性展示自我才华的重要手工艺形式，它既将女书融入日常劳动生产中，又将女书融入家庭教育，实现了跨代传承，使得女书习俗也渗入女性精神文化生活，成为她们的心灵寄托；"坐歌堂"等习俗融入婚礼仪式，确保女书习俗在重要生命仪式中传承；各类节日庆典为女书习俗提供了生动的传播舞台，将其融入节日生活中。通过生活化，女书习俗内化为女性的一种存在方式，这种高度融合是其得以持续传播的重要保证。它使女书习俗既传统又具备持续生命力。

女书核心流传区及其周边地域特殊的习俗丰富了当地女性的社交活动，她们的情谊和同性群体间的关联得到了巩固和强化，也为处于物资匮乏、备受男权压迫的妇女群体提供了精神的慰藉，同时这些习俗带来的快乐也给女性赋予了更多的生命张力。

第四节　潜在的越轨者：女书的女性主义凝视

在历史发展进程中，大部分社会意识形态的演变都导致女性地位低于男性，作为男人的附属品而存在。无论在东方还是西方，女性长期被动地或不自知地接受这种社会定义的现实关系，被圈禁在日常生活之中。随着时间的推移以及生产力的不断提升，女性有越来越多的机会参与到社会事务中来，她们的交流圈子和眼界在这一过程中迅速扩大，被主流社会排挤的女性开始觉醒。然而，早在第一波西方女权主义运动浪潮（1840—1925 年）兴起前，遥远的东方女性就已经开始有规模地为自己的权益展开斗争。她们试图从男性话语权中苏醒过来、对男权传统伦理发起挑战、勇敢地追求女性应具有的平等与自由。

一、女性主体意识的觉醒

千百年来，在父权社会中的女性，其生存及存在价值始终依附于男性，并被主流社会边缘化。"尼采曾说过，男性为自己创造了女性的形象，女性则按这个形象塑造了自己"[①]。被父权制文化凝视的女性失去了她们的主体性，成为对象般的存在。不管是哪个阶层的女性，都受到男性话语强权的控制，在幽闭的生活空间，悲苦、压抑是所有男权社会下的妇女们共有的心理状态。然而，女书之乡的"君子女"作为一批民间下层劳动女性，却有其特定的生活体验。利用女书，她们揭示了女性的自我，关注姊妹间的情感状态。因此，君子女所呈现的是女性视角下真实的身心感受，而非仅仅符合男性社会规范的女性生命体验。女性主体意识由此觉醒。

"越感受到肉体，也就越文思泉涌。"[②] 女性文学创作的重要素材源自其独特的生理特征与心理状态。怀孕、生子等女性独有的生理现象在女书作品中都有记录，更是在字里行间对女性心理历程进行了精致的刻画。在《十月怀胎》和《传家宝》中，详细描述了孕妇的心理、分娩的压力和痛苦以及抚养幼孩的喜悦。例如《十月怀胎》：

正月怀胎正月正　　无形无影亦无根

好似水上浮萍草　　到底生根不生根

二月怀胎艳阳天　　真正胎儿上了身

脚软不爱多行走　　手软不爱把针穿

三月怀胎三月三　　三餐茶饭吃两餐

茶不思来饭不想　　只想杨梅与酸汤

四月怀胎渐渐成　　一身酸痛路难行

年轻生养尤小可　　只怕老来病不轻

五月怀胎是端阳　　奴家有孕好作难

早知怀孕这般苦　　不如削发入庵堂

六月怀胎双伏天　　烧香点纸敬神灵

只望神灵多疼惜　　到我生时保安然

---

① 孙绍先. 女性主义文学 ［M］. 沈阳：辽宁大学出版社，1987：14.

② ［法］埃莱娜·西苏. 美杜莎的笑声 ［M］// 张京媛. 当代女性主义文学批评. 北京：北京大学出版社，1992：198.

七月怀胎正割禾　　一家内外事又多

砍柴烧锅愁上岭　　担水洗衣愁下坡

八月怀胎秋风冷　　我夫送谷紧忙忙

远乡生意你不去　　近方生意早回乡

九月怀胎腹满盈　　多少事情做不成

心想要回娘家去　　又怕我儿路上生

十月怀胎正当生　　子在肚中重沉沉

手又软来脚又肿　　行动一切不安然

尤其肚中来发动　　命隔阎王纸一层

一阵痛来一阵死　　两阵痛来丧了魂

牙齿咬得铁钉断　　手脚如同雪上冰

好轻容易儿下地　　娘命犹如两世人

我儿下地哭一声　　堂上公婆且放心

我儿下地哭两声　　娘在房中分眼睛

我儿下地哭三声　　是男是女看分明

脚盆倒水洗儿体　　罗裙包起抱儿身①

妇女们尝试"通过身体将自己的想法物质化了；他用自己的肉体表达自己的思想"②。女性主体的文学创作有别于男性主体的写作。虽生存于父权文化主导的语境，女书仍破除原有的父权符号体系，采取了与理性对抗、描绘女性躯体、展现女性欲望等颠覆手法，对父权话语形成强烈冲击，展现出极大的解构效果。这种女性特有的书写方式，挑战并颠覆着主流的父权文化。

女书为女性的思想与情感提供了一个大声疾呼的渠道，主体意识觉醒的君子女不再甘于被视为男性欣赏、把玩的"物"。她们那源自切身体验的爱恨情仇、她们那埋藏在男性权威下"微不足道"的苦难与隐忍、才华与骄傲，因为有女书，得以被听到、看到。

---

① 宫哲兵. 女书所反映的妇女生活 [J]. 中南民族学院学报（哲学社会科学版），1992（4）：46.

② ［法］埃莱娜·西苏. 美杜莎的笑声 [M] // 张京媛. 当代女性主义文学批评. 北京：北京大学出版社，1992：195.

二、对传统伦理的反抗

（一）对传统性别观的再塑

在主流文学中，强壮、高大、英勇无畏的男性英雄形象早已深入人心，无处不彰显着男性的优越意识。然而在女书文学中，男性主角极为罕见，他们要么不出现在故事中，要么作为配角露面，被边缘化，无法占据核心地位。与主流文学作品相比，女书文学对男性形象的塑造呈现出明显的差异。

在男权社会的传统性别观下，"女子的人生标准只是柔顺贞静，无非无仪。犯了这种原则的，便是泼辣淫荡"[①]。女书诗文对于这一浸透了男权意识的、片面化的、失真的女性形象表现出了极大的反抗。男性中心论把女性形象过度简化，分为纯洁的天使和邪恶的妖妇，试图通过语言霸权来压制女性意识。这种做法忽视了女性个体之间的差异性，也体现出对女性的不尊重。女书诗文通过削弱"强男"形象在传统性别观上进行突破，塑造出许多个性迥然却光芒万丈的光辉女性形象，展示出现实中女性性格的多样性。既有《虎殃》中勇敢抗击猛虎的张氏和李氏，也有《卢八女传》中刚强无畏的卢八女；既有《梁祝姻缘》中聪慧机智的祝英台，又有《卖花女》中刚毅忠贞的卖花女；既有《白水玉莲歌》中纯真可爱的玉莲，又有《罗氏女》中忠贞不贰的罗氏女……各式各样富有朝气、充满活力、性格鲜明的女性形象呈现在大众面前。这些千差万别的女性形象，本身也是女书诗文对传统女性人物形象类型化的反叛之作。

以真实事件改编的《虎殃》中勇斗猛虎的张氏母女为例。清朝乾隆年间的一个黄昏，男主人李世安如往常一般携妻女归家，不料却路遇老虎。张氏母女眼看老虎攻击李世安，不惜前赴后继，舍身救人：

> 谁知走到岭跟脚　遇着老虎出山林
> 大喊一声天地动　四脚腾云跳过来
> 一跳就是三丈远　捉到世安地埃尘
> 吓起张氏一大惊　当场急起怒冲天

---

① 陈东原. 中国妇女生活史［M］. 上海：上海文艺出版社，1990：18.

丢了肩上谷一担　　举起担扁打过来

老虎挨她一顿打　　放下世安便转身

转身对起张氏女　　两脚捉起就咬人

一口咬在膊头上　　半边脑鼓被口吞

女儿望起无主意　　又哭又喊又伤心

放下一担粘禾稿　　取出担扁赶过来

对起老虎就乱打　　棍棍打着老虎身

打得老虎痛难忍　　丢了张氏又转身

女儿拼命与虎斗　　可惜年轻力弱了

终归还是被虎咬　　咬起女儿上山林①

张氏母女不惧虎威，舍身救人，令人动容。主流社会在歌颂武松打虎以展现男性英雄气概之时，女书诗文则通过颂扬圣人山下黄冈岭的张氏母女来对男性笔下传统的弱女子形象进行反叛。在父系社会建立之后，掌权的男性便窃取了女性的原有权力，并肆意塑造着他们眼中的女性形象与女性历史。在传统社会里，无论是经典著作还是普通文学作品，都大量存在对女性进行曲解和贬低的现象。然而，女书中的众多作品却对这种错误描绘进行了反抗，塑造出了一个个勇敢刚毅或坚韧不拔的女性角色。君子女提倡打破性别固化，实现两性平等。在女书的描绘中，女性不再是被男性拯救的被动形象，这无疑是对父权制和男性中心主义的挑战。

（二）对传统婚姻制度的突破

"母权制的被推翻，乃是女性具有世界历史意义的失败，丈夫在家中掌握了权柄，而妻子则被贬低、被奴役，变成丈夫淫欲的奴隶，变成生孩子的简单工具。"② 以婚姻关系为重要途径，父权文化下的男性强化了对女性的压制，而以女性视角创作的女书诗文却表现出对父权制下传统婚姻制度的突围。

---

① 乐伶俐，莫社平．论女书的德育功能［J］．船山学刊，2008（4）：63.

② 恩格斯．家庭、私有制和国家的起源［M］//马克思恩格斯选集（第4卷）．北京：人民出版社，1972：52.

1. 对自主婚姻的提倡

在女书的世界里，女人无论是恋爱、结婚、离婚、再婚都应该遵循自我的意愿而不是传统的社会观念。任何为自身幸福奋起反抗的事例，在女书诗文中都成为值得被歌颂与传颂的事迹。

第一，婚恋自由。在女书中，新型婚姻观念逐渐显现。例如，《白水玉莲歌》歌颂爱情本身，表达女性作为独立个体对自由恋爱的期盼；《尔吟与石牛》通过石牛之口倡导婚姻应尊重当事人意愿，避免外界过多干涉；而《胡飘与石文》则描绘了女主人公通过自由恋爱获得美满姻缘。这些作品共同展示了女性对颠覆旧有父母包办式婚姻观念的渴望和努力。

第二，离婚自由。女书诗文鼓励妇女摆脱不如意婚姻，强烈反对逆来顺受。女书对主动解除不幸婚姻的妇女持肯定态度。如《珠珠纪事》① 描绘了珠珠因发现郎君"四体不全"而勇于抗婚。她坚决表示"要我王门成婚配，九死一生万不能"。因此，她劝说父母前往男方家取消婚约，可惜未能成功。之后，她又"转身回程共商议，做起手本到衙门，双腿跪在法堂上，珠珠官司得打赢"。《珠珠纪事》的情感导向十分明确，作者对珠珠这桩不幸婚姻的遭遇给予了深切的同情。同时，对于珠珠敢于挑战世俗观念，勇敢地退婚和离婚的行为，叙述者表现出强烈的赞赏。

第三，再婚自由。"一女不嫁二夫"这一男权传统观念源远流长，在女书诗文中，也有许多寡妇对孤寂、困苦生活的抱怨。可是，还有一些失去丈夫的女性，她们毅然决然地摆脱了世俗的陈旧观念，勇敢地迈向新生。尽管这个勇敢也掺杂着谋生的本能，并没有达到理想中"再婚自由"的格局，但再嫁这个行为本身就已经是对长久以来压迫女性的封建贞节观的抵抗。《寡妇歌》中写道："三月我夫落阴府，春紧忙忙倚哪个"②；《焕珠自述》写道："仓内有穀人偷去，寡妇年轻受凄寒……"③ 寡妇面临的艰辛难以穷尽，故而只能"又想将身行归步"④（行归步：走回头路，指重新出嫁）。女书从多

---

① 宫哲兵. 女性文字与女性社会 [M]. 乌鲁木齐：新疆人民出版社，1995：86.
② 赵丽明. 中国女书合集 [M]. 北京：中华书局，2005：2122.
③ 赵丽明. 中国女书合集 [M]. 北京：中华书局，2005：2104.
④ 赵丽明. 中国女书合集 [M]. 北京：中华书局，2005：2128.

角度描写寡妇再嫁的缘由，目的是引起社会对其生存现状的关注。作者在深切同情寡妇的同时，也倡导世人对寡妇再嫁持有更为宽容的态度。

2. 对家庭暴力的抵抗

"在传统上，男权制允许父亲对妻子和孩子具有几乎绝对的所有权，包括对他们进行体罚，甚至将他们出卖和处死的权力。"[①] 女书诗文对长期遭受家暴的女性给予了极大的同情与关怀。君子女通过对大量真实家暴案例的描写，强烈谴责男权文化的粗暴行径，呼吁女性团结起来，共同抵抗家庭暴力。此类诗文有《细细传》《吴氏传》《王氏女》等。以《细细传》为例，可怜的细细不仅如物品般被丈夫抵押给他人，不从后更是被家暴至流产：

> 上身打得骨头断　　下身打得血淋淋
>
> 丢了娇儿我不要　　气得将身并无魂
>
> 饿起我儿身有病　　饿煞我儿落阴司[②]

不堪忍受的细细终于鼓足勇气与丈夫离婚，并最终找到了良配。

女书诗文并没有忽略和容忍家庭暴力这一现象，毫不让步的姿态反映出鲜明的女性自我保护意识与人文关怀。故事中被家暴女性的成功逃脱在某种程度上变成了千千万万个在家庭暴力魔掌之下的女性的胜利。她们从女书诗文中获得力量，不再做逆来顺受的羔羊，而是在奋起抵抗中寻求生而为人的尊严。

三、对生命自由的追寻

江永地区的女性创造了独特的女书文字，并使得这种独特的文字系统在女性群体内传承且广泛使用，这一文化现象"其实质是妇女追求表达自由权，女性对女书的控制，使女性获得了自己书写和书写自己的自由权"。[③]由胡慈珠创作的《女书之歌》这样描述：

> 谁说女人没用处　　从来女子半边天

---

① ［美］凯特·米利特. 性的政治［M］. 钟良明，译. 北京：社会科学文献出版社，1999：51.
② 赵丽明. 中国女书合集［M］. 北京：中华书局，2005：1861.
③ 钟云萍. 江永女书的法文化探析［D］. 湘潭：湘潭大学，2007：1.

因为封建不合理　世世代代受煎熬

做官坐府没资格　学堂之内无女人

封建女人缠小脚　出门远路不能行

田地功夫不能做　害人一世实非轻

再有一件更荒唐　男女本是不平均

终身大事由父母　自己夫权配婚姻

多少红颜薄命死　多少终生血泪淋

女人过去受压迫　世间并无疼惜人

只有女书做得好　一二从头写分明

新华女子读女书　不为当官不为名

只为女人受尽苦　要凭女书诉苦情

做出好多书纸扇　章章句句血淋淋

……

只有打倒旧封建　女人始得有生存

只有建立新中国　女人始得翻得身①

　　类似的女书诗文不胜枚举。君子女将心中的一腔苦水通过女书展现在交好的姐妹面前，尽情地宣泄现实生活里那些无法言说的、被压抑的思想。女书使用者试图通过强烈反抗封建礼教，来实现女性对于自由生命形式的理想追逐，它暗含了女性对于个体生命价值的推崇，以及对于女性生存状态的高度关怀。

　　倘若女书通过诗文表达的是一种对内在自由的精神诉求，那么，当地一系列节日习俗则展现出一种狂欢化的外在自由。每年数次的庙会是女书之乡江永及附近地区的重要民间习俗。在"楼上女"的眼中，庙会本质上是"妇女借口参加具有宗教色彩的种种活动，以满足她们出外参加娱乐性活动的愿望"②。

---

　　① 谢志民．江永"女书"之谜（上卷）［M］．郑州：河南人民出版社，1991：586-614．

　　② 赵世瑜．狂欢与日常：明清以来的庙会与民间社会［M］．上海：生活·读书·新知三联出版社，2002：259．

花山庙的庙会在农历五月十一日至十三日举行，女书核心流传区及周边地带的女性会三五成群地带着写有女书文字的纸书、扇书、巾帕等物品参加庙会和祭祀。"庙会的那几天人山人海，鼓声震天……首先在庙前点香化纸，下跪叩头，然后拿着写有女书的扇子巾帕唱歌，唱罢低头许愿，求姑婆保佑。最后将纸扇巾帕焚烧，以示送往神灵。"① 《祭姑婆神歌》有这样的记载：

七日之前我斋戒　　五日之前我烧香

三日之前熬香水　　洗净身体与衣裳

今日安然空房坐　　修书奉到姑婆神

奉请姑婆来保佑　　保佑夫君转回家②

女书流传地域的龙母庙，亦称娘娘庙，供奉着红衣娘娘。每年，该庙二月初一和八月十五日分别举办一次庙会。"正月十五元宵夜，家家户户都要烧纸化钱、放爆竹，还要到庙宇放花炮，为神灵装香点烛、在庙门悬灯，以求神灵保佑来风调雨顺，人兴畜旺。"③

上述女神崇敬活动呈现出明显的为女神"去冕"特征，当地女性通过亲近女神、虔诚拜谒女神，积极寻求改变自身命运的可能性，希冀由此得到女性在男权社会梦寐以求却难以企及的一切。这体现了短暂时空中人与人之间、人与神之间等级界限的消除，是一种张扬生命活力的仪式。"信仰活动成为民众在一些特别的场合抒发情感和表达思想的不可缺少的形式……由于信仰本身的一致性和崇高性，在这种场合，社会的等级、差别、不平等被消解殆尽，人们暂时取消了一切等级关系、特权、规范和禁令，完全沉浸在自由的信仰欢乐之中。"④

综合来看，女书文化敢于挑战传统桎梏，助力女性获得独立和自由，力求让生命摆脱压抑。这种文化所展现的是人类本质力量与真挚情感的尽情释

① 宫哲兵. 女性文字与女性社会［M］. 乌鲁木齐：新疆人民出版社，1995：56.

② 宫哲兵. 女性文字与女性社会［M］. 乌鲁木齐：新疆人民出版社，1995：56.

③ 李庆福，贺夏蓉，李庆福，欧阳红艳. 女书习俗［M］. 长沙：湖南人民出版社，2008：164.

④ 万建中. 狂欢：节日饮食与节日信仰［J］. 新视野，2006（5）：92.

放，呈现出人与人之间和谐相处的美好画卷。

四、觉醒者的温和疗愈

自男权统治确立以来，女性沦为男性的附属品长达千年。在此情形下，女书犹如女性苦难黑夜中亮起的一颗启明星，熠熠生辉。然而，女书并没有如同 19 世纪西方女权运动那般使用大规模的激烈抗争形式带领广大女性冲破男权设下的樊篱与桎梏，而是选用了符合自身特色的"温和疗愈"手段进行自我纾解。

究其根源，君子女在对男权社会采取抵抗的同时却仍然对其有遵从与妥协的一面。总体上来看，君子女仍然没有完全走出男性圈画出的女性牢笼。尽管女书对男性主导的话语权表现出反抗，并为女性权益争取提供了途径，但她们打造的是一个男性难以理解的单属女性的话语隐秘领域，女书的传播主体并没有给男性统治者以真正的危机感，她们终究无法挣脱封建桎梏。在诸多女书诗文作品里，尽管她们有意把女人当成主角，以女性为视角进行创作，但隐藏在女书文学作品灵魂深处的核心理念，仍然无法彻底摆脱父权制社会中男性中心主义价值观的影响。在经久流传的一系列女书作品中，类似"好马不配二鞍，好女不嫁二夫"的女性传统伦理观可谓比比皆是。即使是君子女，在她们自我塑造的文字世界里，仍然无法完全摆脱男性话语的束缚。诚如赵丽明所言："我们也正是看到女书的局限性——没有对男尊女卑的旧制度从根本上构成威胁，女书的功能仅限于文化、精神而已。"[①] 出现这样的情况，主要与两个方面有关。

首先，缺乏经济独立的理想社会模式只会是无根的妄想。工业革命是促使西方女权运动浪潮兴起的最为根本的原因。科学技术的革新使女性脱离日常生活、参与社会经济生产成为可能。随着越来越多的女性经济独立，她们不再屈从男性，从经济上摆脱男性的束缚。这个说"不"的过程不再是隐晦的，更加趋向于对"女性权利"的寻求，具有"维权"的自觉与作为，不只是"哭诉"。她们在自立中完成了自我解放。

① 赵丽明 . 另类汉字：女书［J］. 科学中国人，2002（4）：25.

与西方女权运动不同，女书产生发展于中国工业革命之前，以农耕文明为主的封建社会没有为中国女性的经济自立提供社会、科技等先决条件。君子女的女性意识虽对命运不公有着叛逆的想法，但此处的"女性觉醒"并未游离于家庭之外，也不想突破主流社会给她们带来的"禁锢"。这种"不想"，更多的是无法自立所带来的"不能"与"不敢"。江永女书文化的女性意识，主要表现为女子在其狭窄生活圈内的感情表达，当她们面对男性社会的压迫与不公时，她们没有选择与男性展开切实的或"赤裸裸"的斗争，而是从"老同"身上寻求精神寄托，女书世界犹如她们的避风港，将她们与男性社会短暂地隔离开来；而在逃避不开的现实世界，她们对男性的依赖性始终存在，只有当她们对家庭生活的追求无法得到男性的肯定与满足，便无奈逃离至"纯粹的女性世界"，通过自娱来完成自我救赎。

其次，松散的组织结构阻碍了女性意识向女权运动的深化。罗伯特·K.默顿认为，"当反抗思想仅限于共同体中相对少数和弱小的那部分人时，它为形成于社会其他部分相分离而内部却团结的亚群体提供了可能性"[①]。在女书核心流传区及其附近地域普及的结拜姊妹习俗，使封闭的女性社群得以形成；而每个"老同"群体的成员规模各异，组织架构较为疏松，"可自然解体，可随意组合……这种自由、平等的社群组织，没有结社条约的戒律，没有复杂严格的结盟程序，没有首领"[②]。正是因为组织系统具有如此这般的自由环境，使得君子女无法在社会上领导大规模的女性活动，终究无法对抗既有的社会结构，致使潜在的越轨者不得不一直服从于男性主导的社会体系。

在"女书先于西方女性主义"的历史语境下去审察女书时，大众能惊喜地发觉，君子女已经深刻地认知到自身的独特，开启了女性主体意识的觉醒；她们不再麻木恪守由男性制定的封建伦理，而是对羁绊女性的旧礼教、旧习俗勇敢地发起挑战；她们于内于外上下求索，在有限的场域中对生命自由进行无限的追寻与渴望。受困于无法经济独立与松散的组织结构，君子女

---

① ［美］罗伯特·K.默顿.社会理论和社会结构［M］.南京：译林出版社，2006：340.
② 赵丽明.女书与女书文化［M］.北京：新华出版社，1995：57－58.

的觉醒伴随着一份遵从与妥协，却也为女书萦绕了一层"温和疗愈"的光环，使其更符合当下的社会环境，为女书在当代的新生提供了无限的可能。或许"她们只不过是一根芦苇，是自然界最脆弱的东西，但这是一根能思想的芦苇"。① 即使这一根芦苇燃起的星星之火在东方大地上并没有形成燎原之势，可她们的思想却早已跨越时空，坚韧地开放在那片土地之上，成为一份古老而珍贵的记忆，启迪着后人。

　　本章节在"互联网＋"的时代背景之下，将女书赖以生存的土壤——女书习俗以及通过女书展现出来的独特思想情感及价值理念融入女书内涵，并以此为思维脉络，首次同时从起源与背景、文字符号、民俗文化、女性主义思维四方面对女书做了全貌性的展现与解析，尝试透过文字符号挖掘其背后的文化土壤和精神内核，丰富了女书的内涵，为女书摆脱生存困境提供了更为多样的选择路径。

　　随着全球化及"互联网＋"时代的到来，女书的叙事与生长空间无限扩大，女书的传承与传播呈现出更加多元的态势。正视数字技术、网络技术和信息通信技术发展对女书的客观影响，将数字化虚拟空间纳入女书文字符号载体已成为女书获得新生的必然选择。新时代的到来在扩大了女书研究视域的同时为女书的现代化传承与传播置换了舞台背景、提供了全新的切入点，为女书的跨文化传播探索打下了坚实的基础。

---

① ［俄］列夫·托尔斯泰．人生论—人类真理的探索［M］．成都：四川人民出版社，1990．

第三章

女书跨文化传播的现状分析

　　1983 年，在女书被中国学术界首次发现的同一年，女书学者宫哲兵便通过在美国举办的第 16 届国际汉藏语言学会议将女书传播到世界。女书的发展与传播伴随全球化的浪潮蒸蒸日上。基于此，为了聚焦女书跨文化传播的现状与困境，本书通过对女书学者、政府工作人员、女书传承人、女书跨文化传播实践者、女书文化经营者等女书专家们进行访谈，利用 NVivo 14 对三万五千个字符左右的女书跨文化传播访谈文本资料进行质性分析。

　　本书主要依赖于 NVivo 14 软件的词频统计和编码分析两大功能。软件内部的词频工具能够通过可视化方式呈现访谈文本的核心关注点。具体来说，"词频分析"功能可以统计特定词组在材料中出现的次数，并通过"词云图"直观地展示词频分布情况，字号大小与出现频次成正比。在本书中，我们利用"查询"功能对女书跨文化传播访谈文本进行词频分析，选择最小词组长度为 2，并采用完全匹配分组，得出女书跨文化传播词云图（见图 3-1），以及女书跨文化传播关键词词频（见表 3-1）。通过以上图表，能直观地观察到访谈文本涉及的高频词汇有政府、学者、专家等传播主体；文字、精神、习俗等传播内容；活动、媒体、展览、戏剧、作品等传播载体；女性、学生等传播受体。

图 3-1　女书跨文化传播词云图

表 3 - 1　女书跨文化传播关键词词频表

关键词及词频				
传播 （364）	文化 （322）	女性 （94）	活动 （80）	研究 （71）
传承 （68）	文字 （67）	艺术 （60）	价值 （57）	世界 （44）
效果 （45）	政府 （44）	精神 （45）	交流 （40）	学生 （41）
推广 （39）	学者 （38）	合作 （36）	国际 （32）	展示 （32）
展览 （31）	人们 （28）	大学 （26）	学习 （26）	专家 （24）
创作 （24）	媒体 （25）	兴趣 （23）	宣传 （23）	戏剧 （23）
群体 （23）	习俗 （22）	作品 （22）	创新 （22）	社会 （21）
设计 （22）	传统 （20）	形象 （20）	教育 （20）	项目 （20）
产品 （19）	学术 （18）	老师 （17）	观众 （17）	语言 （16）
体验 （15）	元素 （14）	商业 （15）	官方 （14）	教学 （14）

通过初步观察分析，发现女书的跨文化传播与拉斯韦尔的"5W"模式高度契合，因此，进一步对女书跨文化传播访谈文本进行编码。本书借鉴5W理论，从最基本的概念进行细致编码，之后对初始编码节点进行合并和分组，以相对抽象化的概念来描述类别，列出概念化和范畴化节点，最后将有效的概念化节点进一步抽象为女书跨文化传播主体、女书跨文化传播内容、女书跨文化传播载体、女书跨文化传播受体四个方面，从而得到女书跨文化传播现状的三级编码（见图 3 - 2）。

为了更加直观地感受女书跨文化传播的现状，本书根据女书跨文化传播现状的三级编码形成了女书跨文化传播现状的三级原始编码结果（见表 3 - 2），并运用 NVivo 14 软件中的可视化功能，直观展示出女书跨文化传播现状的编码层次（见图 3 - 3）。

代码

名称	文件	参考点
女书跨文化传播的主体现状	8	79
教育界的研究与交流	7	42
学生	5	6
学者	5	10
社会力量的多元参与	4	9
女书的爱好者	2	4
社团	1	1
艺术家	3	4
文化企业的市场传播	2	4
阿里腾讯等企业	1	2
商业机构	1	2
政府部门的统筹支持	7	23
对外贸易促进与展示	1	1
鼓励企业打造文创产品	1	1
女书传人或传承大使	5	12

图 3 - 2　女书跨文化传播现状的三级编码示范图

表 3 - 2　女书跨文化传播现状的三级原始编码结果表

范畴	概念	原始语句（举例说明）
女书跨文化传播的主体现状	政府部门的统筹支持	主要的传播主体包括政府、女书传人、女书宣传大使等。女书的跨文化传播主体涵盖了政府机构。
	文化企业的市场传播	商业机构通过开发和推广女书相关的文创产品，对女书的传播起到了促进作用。 国内首次创新性启动与阿里、腾讯等头部平台有关"女书·意象"原创艺术作品在 NFT 数字藏品领域的系列合作意向，更加有力于助力女书非遗传承在新时代可持续发展。
	社会力量的多元参与	文化艺术从业者也在女书传播中发挥着重要作用。 美国的学者来到湖南永州江永，他们回到美国后成立了一个名为"NUSHU"的社团。
	教育界的研究与交流	学者是对人类学、历史学和文字学有研究的专家，他们在女书传播中发挥着重要的作用。 中南民族大学的学生也将女书传到了东南亚、中亚、俄罗斯等地。

范畴	概念	原始语句（举例说明）
女书跨文化 传播的内容 现状	独具魅力且备受 瞩目的女书文字	女书的跨文化传播主要侧重于文字的传播。 女书文字在艺术类传播中扮演着重要的角色。
	底色浓郁致蹉跎 难行的女书习俗	在女书的传播过程中，还需要关注其背后的习俗。
	内涵丰富却挖掘 不彰的女书精神	这种形象应该传递出中国女性的积极特质和正能量，展现 她们的勤劳、智慧、善良、勇敢、自尊、自立等品质。
女书跨文化 传播的载体 现状	线上数字化平台 拓展全球视野	自媒体等新媒体通过各种形式的宣传和推广，使更多人了 解和接触到女书文化。 启动与阿里、腾讯等头部平台有关"女书·意象"原创艺 术作品在 NFT 数字藏品领域的系列合作。
	线下多样化形态 承载女书魅力	通过展览设计和创作来引导人们积极参与女书活动。 传播媒介方面，我们主要依靠线下的纸质传播。 女书元素被应用于瓷器、丝绸制品、饰品、香水、香包等 产品，通过东盟博览会、伊朗、沙特阿拉伯等国际贸易平台 展示中国女书文化的独特魅力。
女书跨文化 传播的受体 现状	普通民众的积极参与	任何对女书感兴趣的人都是我们的传播对象。
	女性群体的文化共鸣	女性群体作为主要的传播对象，对女书的吟唱和文字表达 产生了浓厚的兴趣。
	教育界人士的 角色转变	传播对象主要是学者，尤其是国外的专家学者。 我们将女书传播给那些对研学有需求的学生。

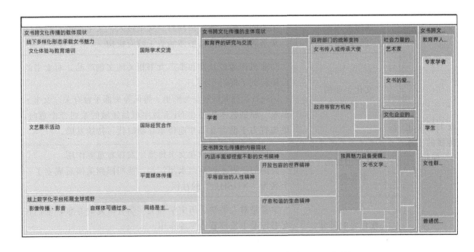

图 3-3　女书跨文化传播现状的编码层次图

由以上图表可以看出，女书的跨文化传播现状能够有效地从女书跨文化传播的主体现状、女书跨文化传播的内容现状、女书跨文化传播的载体现状以及女书跨文化传播的受体现状四个方面展现出来。

第一节　女书跨文化传播的主体现状

女书的跨文化传播是一个系统化的工程，它既需要政府的统筹支持，也需要调动企业、社会组织及广大人民群众等一切力量，形成多维传播主体共同参与的新格局。

通过表3-2可以看出，女书跨文化传播的主体完全涵盖了以上的维度，主要体现在政府部门、文化社团或企业、社会人士、教育界人士四个方面。它们在女书跨文化传播中扮演着不同的角色，发挥着各自的功能，共同推动了女书的跨文化传播。

一、政府部门的统筹支持

近年来，政府作为女书跨文化传播的重要主体，在为女书的发展提供了政策和资源保障的同时，也统筹、参与了一系列相关活动，为女书国际影响力的提升发挥了重要的推动作用。2002年，江永县政府成立了女书文化研究管理中心，专门负责女书文化的抢救保护工作。在《中华人民共和国非物质文化遗产法》《关于进一步加强非物质文化遗产保护工作的意见》等一系列国家政策法规的指导之下，江永县女书文化研究管理中心就女书的跨文化传播开展了大量的工作。首先，政府积极助推女书文艺创作与宣传，协助制作和传播女书相关的电影、舞蹈、音乐等一系列艺术作品。例如，任命谭盾为女书申遗大使，支持其创作的女书交响乐在全球巡演。其次，政府三次协助女书进入联合国，选派女书传承人在联合国中文日展出女书并将女书作为国礼赠送给联合国教科文组织，推动了联合国对女书文化的认识。再次，促进女书产品的全球贸易与展示。政府鼓励企业将女书元素融入农副产品和文创产品，并在全球的文旅大会、博览会等外贸推介大会上进行推荐展示。最后，政府部门通过任命女书传承人、女书宣传大使、女书申遗大使，批准设立女书研究机构，授权注册女书商标等措施，在助推女书传播的同时起到了协调与监管的作用。

二、文化企业的市场传播

文化企业通过商业行为开发和推广与女书相关的文创产品及文旅项目。例如，江永文旅局副局长陈军在访谈中提道："女书元素被应用于瓷器、丝绸制品、饰品、香水、香包等产品，通过东盟博览会，伊朗、沙特阿拉伯等国际贸易平台展示中国女书文化的独特魅力。"[①] 湖南女子学院女书文化研究所副所长周红金认为："在江永等地，将女书作为旅游资源，通过农业文化旅游的方式展示，可以为当地带来经济效益和参与度的提升。"商业行为既将女书文化带给了更广大的全球受众，促进了女书的传播，又吸引了一批追求经济效益的民众，使其更加自觉自愿地加入女书的传承与传播中。这种商业化的推动不仅为女书注入了新的活力和市场潜力，也为女书的传承和发展提供了重要的支持。通过文创产品的设计和推广，女书的独特魅力得以展现，并与现代生活和消费方式相融合，引起了广大民众的兴趣和关注。这种商业行为在一定程度上满足了大众对女书文化的审美需求和消费欲望，为女书的传播拓宽了渠道和平台。同时，由于商业行为的市场竞争性质，文化企业在开发女书文创产品时也越来越注重产品的品质和创新，女书产品的制造已不再局限于女书折扇、女书巾帕等传统手工制品，这既提升了女书文化的形象和价值，又使其更具吸引力和竞争力。如此一来，追求经济效益的民众不仅成为女书的受益者，也成为女书的传播者和推广者，积极参与到女书的传承与传播中，推动了女书文化的传承与发展。

三、社会力量的多元参与

社会团体和个人也自发参与到女书传播中，呈现出多元的参与模式。

---

① 下文中陈军、胡美月、李庆福、周红金、何跃娟、徐焰、刘谢文、李若曦所言均出自作者访谈记录。

社会人士，如书法、舞蹈、音乐、绘画、设计、影视等一系列文化艺术从业者，女书爱好者等对女书的传播表现出浓厚的兴趣，并积极参与其中。他们通过各种方式和媒介，如戏剧演出、音乐会、舞蹈会演、书画展览等，向公众展示和传播女书文化。以入围第95届奥斯卡奖的纪录片《密语者》为例，中国导演冯都、赵青从人类学的视角跟拍了女书传承人长达5年的生活，通过记录青年胡欣和老年何艳新两位女书传承人的生活点滴，展示了女书对她们生活经历的独特影响。社会人士的参与为女书的多样化传播增添了活力，丰富了女书的表现形式和艺术创作。社会人士的参与不仅展示了对女书文化的热情和支持，也为女书的传播注入了更多的创造力和创新思维。她们以自己的专业知识和技能，将女书与其他艺术形式相结合，创作出具有独特风格和时代特色的作品，使女书在当代艺术领域得以焕发新的活力和魅力。此外，一部分社会人士自发组织女书社团，开展相关活动。例如，在美国成立的"NUSHU"社团，通过举办与女书文字或女书精神相关的社团活动，推动美国民众对女书的认知，促进了女书文化的传播和交流。

这种社会力量的多元参与不仅丰富了女书传播的内容和形式，也为女书的传承和发展提供了广阔的空间和机遇。社会人士的积极参与和努力使得女书文化在全球化的背景下得以跨越时空的限制，与各国文化进行对话和交流，共同促进了女书在跨文化传播中的发展和传承。

四、教育界的研究与交流

教育界在女书跨文化传播中发挥着重要作用，他们以不同的层次和角色参与到全球化的女书研究与交流之中，为女书的传播和传承提供了理论支持和学术认可的同时，也为女书的传播提供了多样化的视角和传播途径。从高校学者、国际留学生到青少年学生，教育界以多元的形式促进着女书的跨文化传播。

首先，高校学者以学术研究的角度推动女书的跨文化传播。迄今为止，中国已在清华大学、武汉大学、中南民族大学等高校设立了数十所女书研究所。中南民族大学女书研究所所长李庆福教授指出："这些学术专家具有较高的学术水平和影响力，在学界对女书的研究和学术交流发挥着重要作用。"例如，清华大学的赵丽明团队在经历了 16 年坚持不懈的奋斗后，终于于 2015 年国际标准化组织 ISO/IEC JTC1/WG2 第 64 次松江会议决定将女书纳入国际标准字符集。自此，国际编码存储库里也有了女书的存在。人们可以在电子设备上随时输入输出女书，并实现女书字词与其他语言的互译转换。这无疑为女书的跨文化传播开辟了无限可能。女书学者们在其学术生涯中一边通过学术研究夯实女书理论基础，一边通过全球的学术会议、全球期刊论文发表、国际交换访学等机会实现女书的跨文化传播。其次，高校学者以女书教育培训的方式推动女书的跨文化传播。有些中国高校通过对在中国学习的留学生进行免费的女书培训，成为女书跨文化传播的教学基地。中南民族大学的李庆福教授指出，"我们每周六还为留学生免费授课，介绍女书文化"，"中南民族大学的学生也将女书传播到了东南亚、中亚、俄罗斯等地，甚至还与巴基斯坦等阿拉伯国家有合作"。有的高校通过开设免费的女书线上课程，为全球的女书学习者提供学习渠道。周红金介绍："湖南女子学院从 2014 年开始开设女书线下课程，到 2018 年又开设女书线上课，并获得湖南省精品线上开放课程，2021 年又获评湖南省线上线下混合式一流本科课程。"他们在学习通平台开设的线上课程《女书文化概论》为全球女书传播受体提供了快速、系统地了解女书的可靠方式。

国际留学生以个人课题研究的方式参与女书的跨文化传播。例如，英国 ARU 剑桥艺术学院纯艺专业研究生李若曦，作为一位艺术家和女书研究者，在英国和美国进行女书传播，通过与剑桥文化局等部门的合作，以艺术展览的形式探索女书在西方女权主义中的意义，引起了英美艺术界的关注。除此之外，更多的国际留学生尝试将女书与个人研究主题相结合，纷纷探访女书的发源地江永县，以学术论文的方式将女书带出大山。国际留学生的参与为女书的全球传播拓宽了途径，注入了新的视角和创新的方式。

青少年学生通过研学与国际高校申请助力女书的跨文化传播。周红金指出："一些准备赴国外留学的学生会前往江永，以女性主义或社会学为视角拍摄与女书相关的视频，并将其作为申请材料，这实际上也是一种传播。"江永女书意象馆馆长何跃娟接待了大量前往江永学习女书的人士，她认为：

"研学是一种结合学术研究和社会实践的学习方式，而女书作为一种文化元素，被纳入了研学的范畴。我发现参与研学的青年人对女书的需求较高，特别是那些有意向申请国际名校的学生。这些学生需要具备独特的社会实践经验，而女书的学习可以成为他们的一个优势。"

教育界各方人士的参与在女书的跨文化传播中发挥着重要作用。高校学者以学术研究和女书教育培训的方式推动女书的跨文化传播，国际留学生以个人课题研究的方式参与女书的跨文化传播，青少年学生则通过研学与国际高校申请来助力女书的跨文化传播。这些不同层次的教育界人士共同促进了女书的传承和发展，使女书的文化内涵得以展示，并引起了国际的关注和探索。他们的努力，进一步推动了女书在全球的认知和传承。

综上所述，女书跨文化传播的主体呈现多元化发展格局。政府部门在女书跨文化传播中起到组织领导和政策保障的作用，在促进女书的艺术创作、国际推广和全球贸易的同时，也行使着监管的职责。文化企业通过市场传播推动女书文创产品的开发与推广，注入商业化的活力和市场潜力。社会力量的多元参与展示了广大社会人士及团体对女书文化的热情和支持，丰富了女书传播的内容和形式。教育界以学术研究、教育培训和研学活动的方式推动着女书的跨文化传播，为女书的传承与发展提供了理论支持和多样路径。这四类传播主体在自身优势的基础上，共同推动了女书的跨文化传播，在推进女书跨文化传播过程中各司其职、各有侧重。

然而，通过图3—3中"女书跨文化传播现状"的层次编码图可知，女书跨文化传播的主体比重各不相同，其中，主体比重占幅最大的是教育界，其次是政府部门，再次是社会力量，而传播主体作用最弱的是文化企业。这说明现阶段，女书跨文化传播还处于由政府和教育界主导的发展阶段，社会力量和文化企业的参与稍显不足。

第二节　女书跨文化传播的内容现状

传播为交流、交换信息的行为，其中信息作为传播的核心内容，是符号和意义的有机结合。信息的外在形态或载体往往表现为符号，而意义才是信息的精神内核。通过表3—2可以看出，女书跨文化传播的内容主要体现在文字内容、习俗内容和精神内容三个方面。其中，文字内容和习俗内容可以理解为符号，精神内容可以理解为意义。

一、独具魅力且备受瞩目的女书文字

根据访谈内容得知，目前女书的跨文化传播内容以女书文字为主。李庆福教授直言："女书的传播内容主要侧重于女书文字……女书文字因其独特性而引起兴趣。"而陈军副局长也发现："不仅本地，甚至其他地区的很多爱好者对女书字体都表现出浓厚的兴趣。"这一现象不仅说明女书文字作为传播内容，在现阶段的跨文化传播中占据重要地位，更表明了女书文字在全球范围内受到广泛关注。

女书文字作为女书文化最显著的外在特征，其跨文化传播具有典型的依附性，涵盖了各种类型的载体。无论是附着在三朝书、纸书、织物等传统女书载体，被专家学者带至全球进行学术研究或交流；还是附着在茶具、耳饰、农副产品包装等商业化实物载体，被交易到世界各地；或是附着在影视、游戏等数字化虚拟空间，被世界友人查阅。女书文字本身因其独具特色的形式特点和艺术美感，被世界范围内的受众快速关注与接受。

首先，女书文字具有独特的形式特点。女书文字以其简约、流畅的笔画线条呈现出如柳叶般的柔美之态，体现了女性的柔韧与优雅。字形以弧、斜、点、横、竖、圈为主要结构，配以曲线的连笔，使得女书字形呈现出崭新而独特的视觉效果。此外，女书文字中常用的规范字仅有300多个，简约的特点进一步凸显了其独特风格。尽管文字数量有限，女书文字却能通过这有限的笔画表达出丰富的意涵，语义内容广泛，与情感内涵高度统一。这些特质汇聚成女书文字独特的魅力，吸引着广大传播者的目光。

其次，女书文字具有独特的艺术美感。女书文字本身蕴含着浓厚的艺术魅力，成为全球人士瞩目的对象。何跃娟指出："女书文字在艺术类传播中扮演着重要的角色……女书文字的形式和元素被艺术家们用来表达和展示女书的艺术价值。"众多传播主体将女书文字元素应用于绘画、书法、服装设计和艺术品创作中，进一步推动了女书的跨文化传播。例如，女书跨文化传播的实践者刘谢文认为"书法是女书的核心表现形式之一"，他在泰国通过教授学生女书书法技巧和女书字体特点，传达女书的艺术美感和独特风格。

综上所述，女书文字作为女书跨文化传播的内容呈现出丰富多彩的魅力，成为女书跨文化传播中最重要的传播内容，其独特的形式特点和艺术美感使得它成为跨文化传播中备受关注的焦点。女书文字的传播不仅展示了中国女性的智慧与文化价值，更在全球范围内唤起人们对传统艺术的兴趣与热爱。随着跨文化交流的深入推进，女书文字必将继续在全球范围内散发着独特的艺术光芒。

二、底色浓郁致蹉跎难行的女书习俗

中国湖南省江永县上江圩镇及其附近地带奇特的女性习俗为女书提供了生生不息的养分，是女书文化内涵的重要体现，也是承载女书传承与发展的重要土壤。周红金认为："女书更能吸引人的是它背后的习俗与文化。"

如前文所述，女书习俗具有依托特定节日、依靠特定群体、注重仪式感和融入现代生活等特点。正是这些特点，使得女书习俗传播得以真实传承，并在现实生活中产生了积极的效果。但从整体效果来看，由于女书习俗的独特性，其跨文化传播范围还比较有限，跨文化传播方式也极具局限性，主要以国际人士到江永女书岛生态园观光体验、参加江永本地举办的习俗庆典，或通过各类影音艺术形式实现跨文化传播。

以谭盾创作的跨界音乐作品《女书》为例（见图 3-4），这部作品是将视觉与听觉元素融为一体的复合艺术成果。由谭盾应美国费城交响乐团、荷兰阿姆斯特丹皇家音乐厅交响乐团、日本 NHK 乐团之委托，于 2013 年完成。全曲共包含 13 个独立章节，主题皆围绕女书文化，如《秘扇》《母亲的歌》等。配奏以三面屏幕播放 13 部女书微电影，位于舞台左右两侧及后方中央。《女书》借助多媒体技术，实现了视听的紧密结合，既呈现出视听的对应关系，又强调了传统与现代、过去与现在的交融。与传统的交响乐相比，微电影的加入使得艺术表现更加丰富和立体，传递的信息更为广泛，呈现手法也更为创新。

图 3 - 4　谭盾《女书》在悉尼歌剧院①

　　谭盾遵循音乐就是生活的创作思想，打破了音乐与生活的边界，将音乐作品与实际生活联系起来。他耗时 5 年在江永实地考察，创作出微电影交响诗《女书》。乐章标题的编制已经向观众讲述了一段完整的故事，13 部微电影将女书村的故事与交响乐有机地结合在一起。影片拍摄了女书符号、女书村的风貌以及君子女在不同场景中的表演。其中，第三章《穿戴歌》中的微电影描绘的是女儿出嫁前，亲人、姐妹为其穿戴当地婚嫁特色服饰，为其出嫁做前期准备的场景；第四章《哭嫁歌》中的微电影描绘的是女书核心流传区重要的婚嫁习俗"坐歌堂"中的"哭嫁"场景，勾画出待嫁新娘出嫁时与亲友们依依惜别的离别情境；第十章《祖母故居》中的微电影描绘的是在已故君子女高银仙老人的故居中，一位青年女性一边吟唱女书歌曲一边刺绣的场景，展现出同一空间下时间的交融和情感的共通。

　　谭盾的多媒体音乐作品《女书》为全球观众打开了一扇认识女书的窗口。《女书》中的音乐章节与微电影搭配使用，生动地描绘了女书核心流传区的生活场景，使观众身临其境，看到女书核心流传区的女性在日常生活中如何演绎女书习俗。婚嫁习俗和女红习俗无疑是女书习俗的重要组成部分。它们作为女性群体独特的生活方式，反映了这一地区女性对自我表达的需求

---

　　① 谭盾《女书》在悉尼歌剧院［EB/OL］．（2024 - 10 - 23）．https：// m. voc. com. cn/xhn/news/201702/15555388. html.

和对生活美学的追求。微电影生动地描绘了"坐歌堂""哭嫁""刺绣"等场景，交响乐则渲染了这些场景中的情感色彩。两者交织，将视听体验提升到了一个新的高度。在谭盾的《女书》中，婚嫁习俗与女红习俗通过这种独特的艺术手法实现了一定程度的跨文化传播，也启发观众进一步探索与理解其背后的文化内涵。

当然，由于这些习俗都极富区域特色，跨文化传播也存在一定局限。这一现状凸显了女书习俗在未来跨文化传播中的挑战，需要寻求更有效的方式以扩大其影响力，同时也需要保护和传承这一非物质文化遗产的独特性，以维护其在文化多样性中的重要地位。

三、内涵丰富却挖掘不彰的女书精神

在跨文化传播中，女书精神伴随着女书文字和女书习俗的传播，通过多样化的传播渠道，得到了多层次的展现，并受到全球学者的关注与研究。周红金强调："传播女书文字、女书习俗，但最终体现出来的一定是文化和情感的凝聚。"李若曦也直言："我更倾向于感受女书所传达的文化和背后的精神内涵。"女书精神在女书跨文化传播中的重要价值不言而喻。通过深度访谈，发现女书的跨文化传播内容涵盖平等自治的人性精神、开放包容的世界精神，以及疗愈和谐的生命精神。

（一）平等自强的人性精神

其一，倡导男女平等。女书包含了追求男女平等的精神。女书试图通过弱化男性形象，凸显女性主体，突破传统性别角色的局限，呈现女性的独立人格。女书还批判压迫女性的旧伦理观念，反对男权中心的家庭伦理关系，体现了平等伦理的精神内核。徐焰认为女书的跨文化传播可以"帮助西方的女性，甚至女权主义"。李若曦甚至认为女书"可以成为一个女权主义主题"。刘谢文在谈论女书在跨文化传播中的形象时说道："女书的形象应该具有平等性的思维。过去，女书过分强调了女性文字的概念，但现在我们更应强调女书是一种共有的文字，是大众都可以学习和感知的文化。女书应该成为男女平等的象征。"

其二，强调女性的自主自强意识。女书强调个体对自我命运的掌控，体现了对自由生命的追求，寄托着对美好生活的期许。比如女书表达了女性对自主婚恋和离婚自由的向往，体现了自主精神。李庆福认为："人们可以从女书中挖掘女性自立自强、辛勤奋斗的精神。"在谈及女书在跨文化传播中的形象时，何跃娟强调"女书应该展现出女性的强大崛起、自律和自强的形象"。陈军也认为："通过女书，我们可以向世界传递一种鼓舞人心的信息，鼓励人们战胜困境，追求自立和自我实现。"胡美月在形容君子女时说："她们追求尽善尽美，希望把事情做好，比谁刺绣得更好，谁写女书写得更好。她们想通过自己的创作向那些有文化的人展示自己。"接着她用一首女书诗《十比》加以佐证："一比天上峨眉月，二比狮子抢绣球，三比三星三结义，四比童子拜观音，五比武娘理文政……"

（二）开放包容的世界精神

其一，开放的思想境界。开放包容是女书的显著特征。周红金认为女书使"世界文化变得更加多元"，展现了开放的文化精神。女书吸收了瑶汉民族的多元文化，具有开放的文化基因，为当代社会的包容共生提供了珍贵的思想资源。同时，女书表现出对女性多元差异的欣赏和接纳，不做简单固定定义，这种开放包容精神为当代社会的包容共生提供了新的可能性。

其二，前瞻的创新思维。通过分析观察女书的跨文化传播实践，发现女书在跨文化传播中往往是跨界结合，探索女书与不同元素的共通点，呈现开放创新的文化逻辑。刘谢文指出："女书文化需要具有创新性和实践性。"李若曦在其女书跨文化传播实践中"将女书与我的专业领域相结合，运用艺术创作的逻辑方式来探索和传播女书。通过将女书与西方艺术哲学、文学哲学等不同领域相结合，试图找到女书与其他元素的共通之处。"前瞻的创新思维对女书跨文化传播起到了推动和丰富的作用。它不仅能够拓展女书的传播形式、丰富传播内容，还能激发传播主体的活力，使女书精神在跨文化传播中焕发出更加绚丽的光芒。

（三）疗愈和谐的生命精神

其一，对社会压力的转化。女书展现了"顺势而为"的精神价值，追求顺应自然，善于转化男权社会施加的压力。徐焰总结出女书"顺势而为"的精神价值，她认为女书文字全部是顺笔，从心理学的角度能提炼出"顺"的暗示。徐焰进一步举例，她认为对于封建社会无法享有教育权的妇女来说，女书是她们"顺势而为"的产物，"我不能在桌子上写，我可以在膝盖上写；我不能使用传统的笔墨纸砚，我用木棍和锅底灰；我不能成为君子，那我就成为君子女。所以在女书文化中，顺势而为非常重要，而不是一味地反抗或忍受"。

其二，对生活苦难的慰藉。女书一直以来都是江永本地女性抒发苦衷、获得慰藉的方式，这也是女书得以流传至今的重要原因。在跨文化传播中，女书扮演着一个独特的角色，它不仅是一种文化的传承，更是女性表达自我和获得慰藉的重要方式。李若曦、徐焰、陈军等多位专家都认为女书有心理疗愈作用。李若曦指出："女书的力量在于其温和的特点和倾听倾诉的元素。它已经融合了西方积极心理学的基本模式，通过倾听和倾诉来帮助人们实现心灵的疗愈。这种温和的力量使女书与人们产生共鸣，引起他们对自身情感和生活的思考。"她还认为，"这种艺术疗愈的方法能够使女书更广泛地传播"。徐焰则希望女书将中国古老的女性智慧和文化价值传递给全世界，因为这种智慧具有温和、柔软而有韧性的力量，能够与男权主义对抗，通过女性的温和力量使自己平静下来。这种力量对于全世界的女性以及国与国之间的外交关系都有积极的影响。

女书平等自强的人性精神、开放包容的世界精神和疗愈和谐的生命精神蕴藏在每一个女书的跨文化传播实践中。但由于对女书精神的挖掘不彰，致使其在跨文化传播中影响力受限。由于篇幅有限，此处仅以《雪花秘扇》为例，对其展现出的女书疗愈和谐的生命精神进行剖析。

《雪花秘扇》为华裔女导演王颖执导的女性情感题材电影。该片根据美籍华裔作家邝丽莎的英文小说《雪花与秘密的扇子》改编，讲述了两个凄美动人的女性友情故事。整部作品设定在两个时空背景下，分别是清末的湖南山村和现代的上海，均围绕一个核心主题展开：两对"老同"之间那份纯洁、坚定且充满悲剧色彩的情谊。

首先，电影中的两对老同——百合和雪花，以及索菲亚和尼娜，都在不同历史背景下经历了类似的情感挑战。在影片中，百合和雪花的配偶都表现出冷漠和强势的特点，与她们缺乏精神交流。索菲亚的恋人并未真正走进她的内心，尼娜的恋人甚至在她生活中完全缺席。无论时代背景如何，电影中女性之间的姐妹情谊都显然超过了异性间的爱情。在封建礼教的压迫下，百合和雪花依靠着老同之间的深厚情谊来坚定生活信念；而在现代社会中，索菲亚和尼娜也展现出同样纯洁真挚的闺蜜情感。女性在男权社会中被限制，但她们通过女书这种与男性隔绝的文字，建立了特殊的沟通方式。女书不仅是她们之间的秘密语言，也是情感的传达媒介。

女书在电影中扮演着关键的角色，成为姐妹之间分享生活、情感和信念的纽带。譬如在电影中，百合和雪花主要通过在折扇上书写七言诗来倾诉自己的故事和情感。"我将出嫁桐口村，家中人人多喜欢，金莲使我时运转，姐娘不应慢来教"展现了百合出嫁前欢欣喜悦的心情；"三餐茶水多端正，孝顺公婆理应当，高门贵府来有日，难为今日痛断肠"展现了她婚后的真实情况；"且把心事化风转，悲喜任之难割分，你我长日不得见，时刻想念牵挂着"展现了她对雪花的思念与牵挂；而在雪花的笔下，主要通过女书来书写自身悲惨的命运，以及老同之间那深厚的情谊，例如，"有意倾心两相知，不忍诉苦毁欢颜。我本千金贵世女，老父散家为鸦片。命运生来本不同，情深意重敢争天"。她们愉快地书写阅读女书，释放喜怒哀乐，寄寓情感，并从中获取心灵慰藉。女书在此处成为她们抒发情感的媒介，为她们提供了一种疗愈和情感释放的方式。

其次，《雪花秘扇》跨越了不同时代和文化背景，将女书疗愈和谐的精神传播给观众。不论是清末的湖南还是现代的上海，女书都扮演了相似的作用。女性在各种环境下都有建立情感联结和获得力量的共性需求。女书疗愈和谐的精神价值是具有普遍性的，可以超越文化和历史的限制。索菲亚和尼娜代表了现代社会的女性，她们虽然生活在相对自由平等的环境中，但仍然面临社会性别不平等和金钱至上的挑战。她们通过姐妹情谊保持精神的纯净，传承了百合和雪花的老同情谊的传统。

此外，女书的跨文化传播是通过电影作为媒介来实现的。观众可以通过电影体验和理解不同文化和历史背景下女书的疗愈和谐精神；而电影中所展现出的女书文字、女书习俗、女书精神都使观众对女书有了更直观与立体的认识。

综合看来，女书蕴含丰富的精神内涵，其核心精神在当代也值得弘扬。这些女书精神也在一定程度上推动了女书的跨文化传播。但从整体效果看，女书精神的国际影响力还比较有限，挖掘不够深入。这需要在尊重女书传统的基础上，以更开放的视野看待其精神核心，并通过各种创新形式，将其有效传播到更广阔的跨文化层面，使人类共享这一文化瑰宝所蕴含的智慧。

综上所述，女书跨文化传播的内容包含女书文字、女书习俗和女书精神三个层面。女书文字以其独特的形式特点和艺术美感，成为女书跨文化传播中备受关注的焦点。女书习俗依托特定节日和特定群体，通过注重仪式感和融入现代生活的方式得以传承，但其本身的局限性也使其传播范围有限。而女书精神作为核心价值，在跨文化传播中彰显了平等自强的人性精神、开放包容的世界精神和疗愈和谐的生命精神，但其国际影响力仍有待加强。总的来说，当前女书跨文化传播仍以表层的符号，即文字和习俗为主，而深层次的精神内涵的挖掘和传播还有待加强。

第三节　女书跨文化传播的载体现状

传播载体即传播内容的载体，简单来说就是传播媒介。提升女书的国际辐射力、影响力，仅仅依靠女书丰富的文化内容是不够的，还需要丰富多样的传播载体去提升传播效果。传播力的强弱在一定程度上取决于传播载体的建设，女书的跨文化传播必须依仗形式多样、方法丰富的文化交流手段，开拓和加强多渠道、全方位、有效果的全球文化交流与合作载体。通过表 3 - 2 可以看出，现阶段女书跨文化传播的传播载体主要可划分为线下传播载体和线上传播载体两个部分。

一、线下多样化形态承载女书魅力

通过对访谈资料的编码分析，发现现阶段女书跨文化传播的线下传播主要通过人与人之间的口耳相传，或者纸张、瓷器等实物实现。具体体现在国际学术交流、文艺展示活动、文化体验与教育培训、国际经贸活动、平面媒体传播五个方面。

第一，国际学术交流。

国际学术交流是女书跨文化传播的重要一环，它能提升女书在全球的影响层次，增加女书在全球的知名度与美誉度，是女书良性传承与传播的重要助力。女书的国际学术交流主要包含三个维度。首先，以女书为主题，召开或参与国际学术会议。自 1983 年女书被学术界发掘开始，女书便被宫哲兵通过在美国召开的第 16 届国际汉藏语学术会议介绍给国际汉藏语言学家；2002 年 11 月，"首届国际女书研讨会"在"女书故里"湖南省江永县召开，来自美国、日本及中国的十余所著名学府的专家、学者近二百人参加会议；2004 年 9 月，中国社会科学院语言研究所与日本中国女书文字研讨会共同举办了"女书的历史、现状与未来"国际研讨会，包含远藤织枝、赵丽明、宫哲兵在内的约三十位中国和日本的女书学术专家参会。其次，在全球开展女书专题汇报或演讲。1989 年，赵丽明在夏威夷大学东西方研究中心做专题报告介绍女书；1997 年，远藤织枝邀请女书传人何艳新赴日本东京、大阪参加女书交流会。最后，发表或出版女书相关学术论文、专著等。李庆福认为女书相关"学术论文和著作的发表可以通过国内报纸以及海外的学术刊物来传播"。自 1983 年以来，女书学术交流愈加活跃，学界国际合作日益增加。周红金也表示："女书被发现以来，女书便开始向国外进行推广和传播。许多海外学者来到中国进行采风研究，并将研究成果以及一些三朝书等珍贵的女书原件带回各自的国家。"

第二，文艺展示活动。

包含戏剧、舞蹈、音乐、艺术设计展等在内的线下文艺展示活动是现阶段女书跨文化传播的重要载体。它能突破语言障碍，形象生动地直观呈现女书文化，对推动女书的跨文化传播具有积极意义。首先，文艺展示能打破语言障碍，实现跨文化沟通。戏剧、舞蹈等表演艺术大多能够突破语言差异，实现无国界的沟通。观众可以直接通过舞者的动作、表情等感受其想要传达的情感和文化内涵。其次，文艺展示活动能直观生动地呈现女书文化。不同于纸质书籍，文艺展示是一种立体的表演艺术。通过精心设计的舞台、灯光、音乐等，创造出浓厚的文化氛围，使观众完全融入其中。这种形式比单纯的文字描述更能触动人心，让观众对女书文化有更深刻、直观的体会。全球优秀的女书文艺展示活动可谓是百花齐放。

以 2016 年的女书戏剧《中国女性的悄悄话》为例。该场戏剧的组织者徐焰在访谈中对此次活动如是介绍："我们决定在 2016 年 8 月将女书戏剧送到爱丁堡戏剧节。这个女书戏剧将古代女书、现代女性以及来自东西方的女性劳动者编织在一起，创造出一部有关女性力量和智慧的戏剧作品。在这个过程中，我们与英国的戏剧专业人士合作，包括演员、导演和剧作家。我们共同研究女书的历史、文化和艺术形式，以及女性在社会中的地位和角色。通过集思广益的创作过程，我们致力于呈现一个富有洞察力和感染力的戏剧作品，以激发观众对女性力量和智慧的思考和认识。该戏剧得到了孔子学院爱尔兰分院的支持，连演 12 场。我们的戏剧作品受到了广泛关注和好评，观众对其中所蕴含的女性主题和文化元素表示赞赏。"

再以 2021 年著名设计师赵卉洲携旗下品牌女装 HUI 第九次亮相米兰时装周为例。赵卉洲将此次的展会取名"Nü Shu 中国·女书"，旨在通过时装设计为女性力量加持。该系列将女书文字作为实用优雅装饰元素，以外柔内刚的表现手法将女书优美字形与柔美线条结合，采用各种环保面料，以印花、提花、刺绣等工艺将女书文字呈现在现代感的服饰包袋上，借助当代服饰语言表达中国文化艺术。

另以 2022 年 8 月李若曦在英国剑桥开展的女书设计展 *Girlism-inner World*（《女孩主义——内心的世界》）为例（见图 3-5）。她以女书中蕴含的柔软而坚韧的女性力量为灵感，运用多维空间设计和对女书经典构图的还原，展现女书对生命温暖的"关怀"。

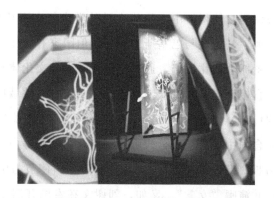

图 3-5 李若曦 *Girlism-inner World* 设计展一角[①]

[①] 李若曦《Girlism-inner world》设计展［EB/OL］.（2024-10-23）. https：// www. xiao-hongshu. com/explore/633f3d66000000001d00f0d3.

通过众多文艺展示活动，女书得以更加直观生动地展现其深刻的人文内涵和吸引力，吸引更多的国际受众。全球女书文艺展示活动的不断丰富和发展将促使女书在全球传播中绽放出新的光芒，进一步促进文化的多元传播与交流。

第三，文化体验与教育培训。

女书文化体验和女书教育培训是女书线下传播的另一重要载体。它既能吸引全球人士到访江永县感受最真实的女书，又能使女书文化通过文化体验与教育培训传播到世界各地，为女书的跨文化传播发挥了重要作用。

一方面，扎根在中国的各类女书基地开展了各种类型的文化体验及教学培训活动，以吸引全球受众。这些机构面向全球学生和爱好者，将女书的知识和技能传授给他们。这使得女书不仅流传于原始族群，还吸引了更多新生力量学习和传承，使他们成为女书文化的新拥趸。例如，江永县建立了建筑面积 2500 平方米的女书生态博物馆，这是湖南省唯一的以村寨社区为单位的无围墙"活体博物馆"，每年慕名前来考察观光者达 20 万人次以上。建在女书生态博物馆中的女书园是江永县女书学习与体验的必到之处。全球各地的游客、学者、研学青年在女书园通过女书传人说女书、唱女书、写女书，亲身体验女书独特的魅力。此外，中国设立了女书研究机构的高校也在校内纷纷开展女书教学活动。李庆福所在的中南民族大学为来校的国际留学生免费开设女书相关课程，使得"中南民族大学的学生将女书传播到了东南亚、中亚、俄罗斯等地，甚至还与巴基斯坦等阿拉伯国家有合作"。

另一方面，紧抓全球化机遇，通过全球各类女书文化体验活动将女书文化传播至各地，直接面向全球观众。这使女书文化打破地域局限，实现了跨区域和跨国界的传播。例如，2016 年 4 月在瑞士日内瓦联合国欧洲总部举行的第七届"联合国中文日"开幕式上，胡欣及蒲丽娟等中国女书传承人向联合国赠送女书版《世界人权宣言》，并当场向各国使节与中国文化爱好者示范女书书法，并演唱"女歌"。又如，刘谢文在泰国开展了为期 7 个月的女书教学。虽然他只是将女书作为汉语教学的附属课堂内容教授给学生，但通过女书书法、女书电影、八角花等形式的展现，使泰国学生对女书产生了浓厚的兴趣，也让泰国学生对中华文化有了探索的欲望。

第四，国际经贸活动。

国际经贸活动是女书跨文化传播的理想传播载体。推动女书文化通过商业形式面向世界市场，是推进女书文化连接世界的重要举措。首先，国际经贸活动能够推动女书产业化，提升女书相关产业的经济效益，吸引更多的人参与到女书的传承与传播当中。这不仅能满足市场需求，也能够为女书的跨文化传播提供持续的经济助力，为其长期的良性发展提供支持。其次，国际经贸活动能够通过经济交流带动文化交流，促进女书在国际的传播与发展。经贸活动本身也是一种文化交流的形式。全球商家和消费者在通过经贸活动接触女书文化的过程中感受女书文化的魅力，并激起其对女书进一步探索的欲望。陈军在访谈中就女书的全球经贸活动做出了以下阐释："政府引导企业将女书元素融入农特产品和文创产品，并在国内外的文旅大会、博览会等外贸推介大会上带相关的女书传承人和文创产品出去进行推荐展示。举例来说，女书元素被应用于瓷器、丝绸制品、饰品、香水、香包等产品，通过东盟博览会，伊朗、沙特阿拉伯等国际贸易平台展示中国女书文化的独特魅力。"

第五，平面媒体传播。

平面媒体主要是指公开发行的期刊、报纸等纸质刊物。李庆福指出："平面媒体如报纸、期刊等在女书传播中起到重要的作用。"平面媒体经过长期的发展，拥有了自己独立的采编队伍和完善的组织机制，建立了自己的独立空间，而且，相对于 Web 3.0 时代的自媒体，平面媒体明显具有更强的公信力。这使得文化差异较大的全球女书传播受众更容易接受与信服其传播的信息，有助于提升女书跨文化传播的效果。平面媒体还可以通过发布深度报道，从多角度展示女书文化的丰富内涵，这有助于塑造女书的整体艺术形象，增加受众的理解和认同感。时至今日，平面媒体仍然可以覆盖广泛的全球读者群体，如女书学者、女书爱好者和一般公众等。通过不同刊物的传播，女书文化可以触达各个国家不同层次和背景的读者，使更多人了解和认识女书，促进其跨文化传播的影响力。

例如意大利学者茱莉撰写了专著 *Il Nüshu. La scrittura che diede voce alle donne*（《女书：为女性发声的文字》），由意大利 CSA 出版社于 2020 年

出版。这本书中，不仅介绍了女书的历史与传承，作者与女书的故事，还翻译了作为女书文化重要组成部分的女书诗歌，展示了大量女书照片。2021年，茱莉还将赵丽明的著作《传奇女书》翻译成意大利语版 *II leggendario Nüshu* 进行出版，并被意大利著名杂志《全景》周刊评为当年"意大利最值得阅读的 50 本书"之一。而早在 1986 年，中新社与新华社发表"湖南发现女书"消息后，美国、日本、法国、加拿大等国媒体竞相转载；同年，《人民日报（海外版）》刊发林浩的《妇女文字——一个惊人的发现（上、中、下）》；1987 年，《中国妇女（英文版）》刊发宫哲兵的《她们自己的文字》。自此，女书在全球期刊及报纸上的刊发日益增多，这一现象极大地促进了女书跨文化传播的速度和覆盖范围，为塑造女书的良好形象作出了重要而显著的贡献。

二、线上数字化平台拓展全球视野

通过对访谈资料的编码分析，发现现阶段女书跨文化传播的线上传播主要通过女书信息的数字化实现。当前，信息化进程不断加速，学术界对信息数字化的重视程度也在不断提高。数字化技术可以将声音、文字、图像、动画等多媒体内容，通过计算机数字化处理后与通信技术结合，不仅有利于信息保存，也扩大了传播应用空间。诸多受访人在谈及女书跨文化传播的载体时多次提及的"电子信息传播""新媒体传播""互联网传播""影像传播"等，都是在女书信息数字化的基础上实现的。何跃娟认为："通过互联网，女书可以被广泛传播和分享。在国际范围内，网络成为主要的传播平台。"周红金则认为："新媒体在传播中起到了重要的推动作用。"李庆福更是直言："新媒体的传播效果更好、更快，已经成为女书传播的重要渠道。"

数字化信息可以是互动性的，也可以是非互动性的。互动性的数字化信息是指用户可以与之进行交互，如点击链接、触摸屏幕、肢体动作等。非互动性的数字化信息则是静态的，用户无法与其进行实时交互，如电视新闻报道、影视剧等。通过对访谈记录以及网络上女书的相关信息进行进一步归纳分析可知，女书的数字化信息可从以下两个维度展现。

第一，非互动式数字化信息载体。

现今，广大公众可通过丰富的文字、图片、视频、音频等数字资源，全面深入了解源自江永的女书文化。即使无法亲临发祥地，也能通过在线方式接触到这一独特的文化现象。

现有的女书非互动式数字化网站，影响较为广泛的有：维基百科、武汉大学的女书网、中南民族大学的中华女书网、清华大学的中国女书研究会网站以及江永女书数字博物馆等。这些专业权威的数字平台，资源丰富、人才汇聚，成为女书网络传播的中坚力量。此外，湖南省及其下属的永州市、江永县等政府网站，由于地缘关系也有较多女书内容，如2006年湖南省政府网发布的女书英文简介等。同时，一些文化、新闻媒体、旅游等综合类网站，也零星收录了文字、图片、音视频等多种形式的女书信息，为公众提供了便捷的网络信息获取渠道。例如，2018年，联合国教科文组织官网发文《女书：追逐阳光的"眼泪之书"》；又如2014年，英国卫报网站发文 *Nu Shu：The Secret Songs of Women Review*。截至2024年10月22日，在Google搜索引擎，以"女书"为主题词进行搜索，得到22800万条结果；以"Nushu"为主题词进行搜索，得到31.2万条结果。同日，在Google Trends网站以"女书"为主题词进行搜索，得到2004年至当日在Google网页以此项主题词进行搜索的"区域搜索热度图"[1]；以"Nushu"为主题词进行搜索，得到2004年至当日在Google网页以此项主题词进行搜索的"区域搜索热度图"[2]。两图中颜色越深表示主题词在当地的该搜索引擎平台所有查询中占比越高，并不代表绝对查询次数越多。由图可知，女书的传播涵盖了除南极洲以外的六大洲。显然，借助科技的力量，女书非互动式数字化资源已在全球范围内得到广泛传播。这些数字资源种类繁多、数量丰富、题材多样，包含女书的特点、起源、传承动态、学术研讨、商业活动、文学作品等各个方面。在网络世界中，女书数字化信息的充分展示，凸显了互联网

[1] Google "女书" 区域搜索热度图 [EB/OL]. (2024-10-22). https：// trends.google.com/trends/explore? date＝all&q＝%E5%A5%B3%E4%B9%A6&hl=zh-CN.

[2] Google "Nushu" 区域搜索热度图 [EB/OL]. (2024-10-22). https：// trends.google.com/trends/explore? date＝all&q＝Nushu&hl=zh-CN.

在推动女书文化传播方面所发挥的积极作用。

网络上女书图像类资源传播也在持续发展，许多网站纷纷设立专门的女书图片版块，展示女书文化的美丽画卷。这些图片内容包括女书的原件、书法作品、传承人和相关工艺品等，多角度、全方位地展示了女书文化的独特魅力。2020 年英国 BBC 官网发布的 *Nüshu：China's Secret Female-only Language* 一文就配了 8 幅照片，有女书文字作品、女扇、女书传人胡欣、著名学者周硕沂、女书园、三朝书、江永地理环境、女书主题活动。

作为一种音乐艺术形式，女书音频与视频也值得重视。非互动式数字化影像类型的女书更多以音视频版新闻报道、纪录片、影视剧以及文化抢救与保护等形式出现。这些音视频的内容，一是有关女书在世界范围内的音视频版新闻报道；二是内容涉及揭示或探索女书的纪录片，如入围第 95 届奥斯卡奖的纪录片《密语者》；三是以女书为主题的影视剧，如中韩合作拍摄的电影《雪花秘扇》；四是关于女书文化抢救与保护的数字化音频视频，如周红金及其团队通过到江永田野调查，收集整理了女书原生态的吟诵与歌唱，并以音频的形式发布到网络。

第二，互动式数字化信息载体。

随着 Web 3.0 时代的到来，自媒体逐渐兴盛并日益成为女书跨文化传播的主要形式之一。陈军指出："自媒体等新媒体通过各种形式的宣传和推广，使更多人了解和接触到女书文化。"同时，基于增强现实（AR）、虚拟现实（VR）等科技手段的革新，沉浸式体验在数字化信息载体中正引起越来越多大众的关注与追求。在此背景下，各种女书数字化文字、图片、音视频等可以通过自媒体、游戏、元宇宙展馆等多种互动式数字化信息载体呈现。互动式数字化强调人机交互，用户可以主动参与、选择和控制信息呈现的方式。这种高度个性化、自定义的用户体验更加契合当代受众的认知需求，能够更好地吸引传播受众的注意力。

Web 3.0 时代，作为互联网技术的新一代演进，正日益展现出其强大的媒体传播能力和社交互动特性。自媒体作为其中的代表，成为广泛传播信息、观点和意见的平台。自媒体的崛起也为个人提供了更多的表达机会，扩大了信息的多样性和覆盖面。国际上女书相关的互动式数字化自媒体平台主要有 YouTube，TikTok，Facebook，Twitter，Instagram 等。以 YouTube 为例，截至 2023 年 7 月 31 日，在 YouTube 以"女书"为主题词进行搜索，观看人次最多的视频是博主"啾啾鞋"于 2021 年发布的视频《〈女书〉女生才看得懂的文字》，播放量达到 35 万次，拥有 1.3 万点赞及 1077 条评论。该视频对女书起源、文字特色、文化背景、社会功能以及生存现状做了简要的介绍，仅仅五分钟的视频便引起了观众的热烈回应。（以下评论均摘自该视频评论）

YouTube 用户 user-xs9of3hl7u：看完了，长知识了，希望这种文化也能好好保存，毕竟是历史的一部分。

YouTube 用户 m. j. -. 7851：我也只自学过小篆，我非常喜欢这种字体，太美了。女书也很棒，看着也有点喜欢了，统测完赶紧去学学。

YouTube 用户 No _ Man _ Is _ An _ Island：在过去因为资源的匮乏，人类被迫组建封建形态的社会来分配有限的资源，这也造就了平等的不可能，于是当时女性的价值往往如同其他弱势群众一般，湮没在历史的长河当中。

YouTube 用户 uixjuxu：很好奇在女性无法上课学习的时代背景下女书是如何被发明及流传的。

观众在评论区发表意见、相互讨论，或对视频进行称赞，表示学有所获；或抒发由女书引发的对"男女平权"的思考；或表达希望进一步深入了解女书的愿望，鼓励博主就女书主题进行持续创作。传播受体的互动反馈在一定程度上促进了女书在线上的广泛传播。

而以"Nushu"为主题词进行搜索，观看人次最多的视频是博主 SearchlightPictures 于 2011 年发布的视频 *Snow Flower and the secret Fan*："*Nu Shu*"，播放量达到 4 万次，拥有个 126 点赞及 8 条评论。该视频虽仅仅展现的是《雪花秘扇》电影中"百合和雪花结拜老同"的片段剪辑，却引发了观众的诸多感慨。例如 YouTube 用户 VelvetGal5 如是表达：I admit it- I cried off & on while watching this movie, "Snow Flower & the Secret Fan". This movie is that good & makes you think about many topics & deep things. It makes you think of bonds, friendship, sisters, emotional deeprelationships，how some men have power control issues & take it out on women，how women have had to put up with a lot when it came to men，etc. 我承认——在观看这部电影《雪花与秘扇》时，我哭个不停。这部电影实在是太好看了，它让你思考了许多话题和深刻的东西。它让你想到亲情、友情、姐妹情、深厚的情感关系，有些男人如何有权力控制问题并把它发泄在女人身上，女人如何在男人面前忍受了很多等。（摘自该视频下评论）

2024 年 10 月 22 日，在 Google Trends 网站以"女书"为主题词进行搜索，得到 2008 年至当日在 YouTube 以此项主题词进行搜索的"区域搜索热度图"①；同日，以"Nushu"为主题词进行搜索，得到 2008 年至当日在 YouTube 以此项主题词进行搜索的"区域搜索热度图"②。颜色越深表示主题词在当地的该搜索引擎平台所有查询中占比越高，并不代表绝对查询次数越多。

由图可知，女书的互动式数字化信息已经在全球范围内广泛传播。可以预见，女书的互动式数字化信息因其自身的独特性将更易迎来蓬勃发展的机遇。一方面，在以 YouTube 为代表的一系列国际互动式数字化自媒体平台中，传播受体不再只是被动地接受信息，而可以通过点击、评论、交互讨论等方式与女书作品进行亲密互动。这种互动性为女书的传播增添了更多情感和共鸣，提升了受体的体验感和参与度；而互动性的增强也为女书的创作者提供了更多的反馈和意见，从而促进后续作品的优化和创新。另一方面，国际互动式数字化自媒体平台的传播环境有利于传播受体向传播主体的转换。在传统媒体时代，传播受体往往是被动的信息接受者，而自媒体平台赋予了普通用户成为内容创作者的可能。通过这些平台，观众可以自行创作和发布女书内容，与其他创作者进行交流，从而实现从传播受体到传播主体的转变。这种转换为女书的跨文化传播带来了更多的可能性，推动了女书的传承和发展。

---

① YouTube "女书"区域搜索热度图 [EB/OL]. （2024 - 10 - 22）. https：// trends. google. com/trends/explore? date＝all _ 2008&.gprop＝youtube&.q＝％E5％A5％B3％E4％B9％A6&.hl＝zh-CN.

② YouTube "Nushu"区域搜索热度图 [EB/OL]. （2024 - 10 - 22）. https：// trends. google. com/trends/explore? date＝all _ 2008&.gprop＝youtube&.q＝Nushu&.hl＝zh-CN.

总之，互动式数字化信息载体正在成为女书跨文化传播的重要途径。它们不仅拓展了传播渠道，也在互动性和内容生产方面为女书的跨文化传播带来了新的可能。然而，在当今的女书跨文化传播领域，互动式数字化信息载体面临着单一路径依赖的问题。仅通过新媒体进行女书跨文化传播的现状，会在一定程度上限制女书传播受体的多样性，不利于女书文化在全球的持续性健康发展。

综上所述，本节深入解析了当前女书跨文化传播的线上线下载体现状。通过多年的跨文化传播实践，女书已经初步构建起连接全球的传播桥梁，展示了这一独特文化的魅力。

在线下方面，国际学术交流使女书走进国际汉学视野，文艺展示直观展现女书艺术魅力，文化体验与教学吸引全球学习者，经贸活动带动女书产业化，平面媒体传播则依托公信力覆盖广泛读者。这些线下载体以人和物为中心，长久以来为女书的跨文化传播作出了重要的贡献。

与此同时，数字技术也孕育了线上载体的繁荣。海量的女书数字资源满足了全球读者的需求，自媒体平台也构建起了女书传播的新空间。可以看到，线上载体在科学技术的帮助之下打破了时间与空间的限制，极大地拓宽了女书的全球视野。

当前，女书跨文化传播正处在线上线下融合的新阶段。必须发挥两者各自的优势，以促进女书跨文化传播载体的有机统一。线下载体具备人与人之间沟通与交流的独特价值，这是线上载体所无法取代的。同时，线上载体开拓了女书数字化新空间，这对提升女书的国际影响力也至关重要。只有两者相互补充、相得益彰，才能持续推动女书的创新发展，有效提升其全球影响力。

第四节　女书跨文化传播的受体现状

跨文化传播的效果建立在对传播受体的了解、适应基础之上。所以，在女书的跨文化传播的过程中，必须分析传播受体、尊重传播受体、适应传播受体，分析传播受体的文化性、社会性以及心理性需求，针对不同的传播受体群,采取不同的传播策略,以提升女书跨文化传播的效果。聚焦访谈结果,现阶段一部分受访者认为女书跨文化传播的受体应该是全世界的普罗大众,也有诸多受访者认为更应该关注"教育界人士"与"女性"两类特殊人群。

一、普通民众的积极参与

徐焰指出:"任何对女书感兴趣的人都是我们的传播对象,不限年龄和性别,无论是国内还是国外的人。"一方面,她认为"女书文化是普适的,文化本身是中性的东西"。另一方面,她也强调"差异化地对待传播对象是非常重要的"。李若曦曾与剑桥文化局合作,在英国剑桥街头开展了一次女书的公共艺术展览,在回忆此次展览时李若曦仍然尤为满意:"这次展览让我感到满足,因为我不仅将女书带出了美术馆,还展示给了城市的人们,甚至是国际上的一些观众。"在谈论女书的跨文化传播受体时,她表示:"在女书的跨文化传播过程中,我并没有严格限定传播对象的范围,基本上是面向所有人群。"

随着全球化及信息化时代的降临,女书早已不仅仅在中国江永县东北上江圩乡及其周边方圆不到百里的范围内流传,女书的跨文化传播受体基本上遍及世界的每一个大洲。截至 2023 年 8 月 4 日,在 Google Trends 网站,分别以"女书"和"Nushu"为主题词进行搜索,得到 2004 年至今在 Google 网页以"女书"和"Nushu"为关键词进行搜索的关注度最高的十个区域。同日,在 Google Trends 网站,分别以"女书"和"Nushu"为主题词进行搜索,得到 2008 年至今在 YouTube 以"女书"和"Nushu"为关键词进行搜索的关注度最高的十个区域。将以上信息汇总得到表 3 - 3。

表 3 - 3　Google Trends 网站女书关注度排行表

时间范围	搜索平台	主题词	关注度区域排行
2004 年至 2023 年 7 月	Google	女书	中国大陆、中国台湾、中国香港、越南、新加坡、马来西亚、奥地利、丹麦、以色列、伊朗
2004 年至 2023 年 7 月	Google	Nushu	德国、英国、巴西、危地马拉、西班牙、荷兰、智利、阿根廷、墨西哥、澳大利亚

续表

时间范围	搜索平台	主题词	关注度区域排行
2008 年至 2023 年 7 月	YouTube	女书	中国台湾、越南、中国香港、新加坡、奥地利、马来西亚、危地马拉、以色列、澳大利亚、俄罗斯
2008 年至 2023 年 7 月	YouTube	Nushu	德国、荷兰、法国、阿根廷、西班牙、巴西、墨西哥、加拿大、英国、印度

注：关注度是相对于特定时间、特定地点、特定搜索平台的主题词搜索总数而言的。区域排名越靠前表示该主题词于该时间期间，在该区域内通过该搜索平台进行搜索的总次数越多。

通过对以上表 3-3 内容的汇总分析，可发现女书的跨文化传播主要集中在以海峡西岸既香港、越南、新加坡等为代表的儒家文化圈；以德国、英国、西班牙、荷兰等为代表的欧美文化圈；以巴西、智利、阿根廷、墨西哥等为代表的拉丁美洲文化圈，而中东等其他文化圈对女书的关注度相对较弱。

二、女性群体的文化共鸣

自学界发掘女书以来，女书文化及其与女性发展的关联便被越来越多的人关注。女书作为一种特殊的文字形式，不仅是女性个体表达情感、展示才华的工具，更是一扇洞察历史、社会、文化的窗口，将女性在不同时空中的生活经验和价值观传递给后人。这种紧密的联系使得女书成为女性发展史上的一部分，同时也为女性提升自我认知和社会地位提供了有力支持。

女书在历史长河中扮演了重要角色，记录了无数女性在家庭、社会和个人层面的思想、情感和心路历程。通过女书，女性得以表达内心的情感、渴望和抱负，寻求自我解放与独立。这种表达形式不仅是对外界的一种呼声，也是女性对自己的一种审视与反思。因此，女书可以被视为女性发展史上的一本实地记录，记录了女性的自我认知、人生态度和社会角色的演变。

女书与女性发展的关系还表现在其传承和传播方面。女书作为一种文化遗产，代代相传，不断影响着后人的价值观和行为方式。女书所传递的女性智慧、人生哲理和家庭观念，对于塑造女性的社会角色和价值定位具有深远的影响。同时，女书的传承也为女性的自我认同和自我肯定提供了支持，鼓励她们追求独立、自信和全面的发展。基于此，在女书的跨文化传播领域，女性受众的参与自然显得极为重要。

一方面，女书的跨文化传播能够满足女性的独特需求，引起女性的浓厚兴趣。女书传达了女性的情感、体验和智慧，因此在跨文化传播中引起了女性的独特兴趣。女性群体被视为女书的主要传播对象。据陈军所言："女性群体作为主要的传播对象，对女书的吟唱和文字表达产生了浓厚的兴趣。他们对女书中所体现的独特魅力和神秘感有一种特殊的感受和需求。"① 女书独特的魅力与神秘感，更让女性倍感亲切，因而更容易产生持久的文化认同。这种情感上的共鸣使女性受体更容易产生对女书的浓厚兴趣。李庆福也提道："女书体现了女性最强智力的精神，这个方面可能更容易引起国外一些独立意识较强的女性的关注。"② 女性受体更易在女书的情感表达和价值观传递中找到共鸣，其审美兴趣和心理需求也更易被女书文化满足，故而女性对于女书的跨文化传播更易表现出积极的态度和参与热情。

以著名艺术家陶艾民 2023 年 3 月在悉尼朱雀画廊举办的"她的密码：陶艾民与女书"展览为例（见图 3 - 6）。陶艾民是中国当代知名的女性装置艺术家，擅长以中国传统文化为素材，结合当代艺术手法，创作富有女性特色的装置艺术。她曾三次深入湖南江永，探访女书的历史，并以女书为创作灵感，创作出一系列极具特色的作品。此次展览展出了陶艾民结合搓衣板、水墨拓印和女书文字创作出的《一指尖》《女书·手记》《秘扇》等一系列精彩作品。其中，《一指间》和《女书·手记》系列都使用了搓衣板的水墨拓印作为媒介，暗喻女人的命运与水之间的融通之处。不同的是，《一指间》中呈现了微妙的色调渐变，不禁使人联想到宋代山水画中薄雾笼罩的山脉和瀑布；而《秘扇》系列作品极富表现力，描绘了湖南江永女性在女书之乡的生活百态。陶艾民善于用搓衣板进行创作。"搓衣板"这一常年浸泡在水中的"文物"是过去一个时代的女性象征，也是无数女人用历史来见证的一条生命之河，它见证了女性的日常劳作，用反复搓洗所留下的斑驳印记录了她们为家庭的默默付出，如证据般留存下了她们的生命痕迹。展览作品中搓衣

---

① 资料源于作者访谈记录。
② 资料源于作者访谈记录。

板的水墨拓印传达了女性的命运与水之间的融通，呼应了女性的生活体验，极易引发女性观众的共鸣；而女书秀丽娟细的文字像一颗颗救赎精神的稻草，倾泻着旧时女性悄然酝放的自我意识。陶艾民通过结合搓衣板拓印出来的抽象视觉语言和女书的语言符号这两种"文字"实现了对女性生活状况的关注，用两种语言讲述女性的故事。这种抽象性和深层的精神象征，使她的作品成为一种独特的女性情感共鸣的桥梁。许多女性观众在观赏她的作品时，会发现作品中所呈现的元素与她们自己的生活经历息息相关。首先，搓衣板不仅仅是一种物理工具，它还承载着女性的坚韧、毅力与付出。许多女性可能会回想起家庭中的洗涤工作，或者她们的祖母、母亲曾使用搓衣板的场景，这些记忆会在陶艾民的作品中被唤起，引发情感共鸣。其次，陶艾民的作品为女性观众提供了一个艺术的反思空间。通过抽象的艺术语言，她探讨了女书中反复出现的"自我认同与解放"理念，唤醒了女性观众对于自我价值和自由的追求。这种启发性的创作让女性观众感到她们的经验被肯定，她们的声音被听见，她们的情感被理解和呈现。

图 3 - 6 澳洲"她的密码：陶艾民与女书"展览一角①

---

① 澳洲"她的密码：陶艾民与女书"展览［EB/OL］．（2024 - 10 - 22）．https：// vermilion-art. com. au/exhibition/tao－aimin－her－secret－code/．

另一方面，女书促进了跨文化女性群体之间的交流。女书不仅在文化内部传播中具有重要意义，还在跨文化背景下促进了女性群体之间的交流。女书的传播不仅仅是文字的传递，更是情感和文化的交流，这种交流不仅局限于中国，还涉及国际领域。李若曦分享了自己在剑桥大学的经历，她表示："剑桥大学美术馆馆长对我的作品很感兴趣，并邀请我到剑桥大学的拉丁美洲研究所进行交流，探讨拉丁美洲女性手工艺的历史和抗议方式。"这种跨文化交流不仅丰富了女书的内涵，也为不同国家和地区的女性提供了交流和合作的平台。通过此次活动，李若曦感触颇深地表示："女书就像带着宝贵的东西，让我能够与不同领域的人交流和合作，扩展了女书的可能性。"可以看出，女书不仅可以增进全球女性之间的理解和联结，也能够成为女性文化交流的桥梁。

女书跨文化传播的女性受体参与现状表明，女性受体在跨文化传播中发挥着重要作用。女书满足了女性的独特需求，引起了女性的浓厚兴趣，同时促进了跨文化女性群体之间的交流。女性受体不仅是传播的接收者，更是传播的推动者和参与者。通过分享情感、文化和智慧，女性受体不仅丰富了女书的内涵，也为促进跨文化交流和增进性别平等做出了贡献。然而，随着全球化的深入，女书的跨文化传播面临着新的挑战和机遇，需要进一步研究和探索，以更好地推动女书的传播和发展，实现文化交流与共融的目标。

三、教育界人士的角色转变

在跨文化传播中，传播主体与传播受体的角色并非静止不变，而是具备动态的变化和互动的特性。在互联网时代，这一特性越发凸显，因为如今任何个体都能通过自媒体平台创作内容，并将其传送给全球范围内的受众。原本的传播受体可以成为信息的生产者和传播者，原本的传播主体在接触不同文化后，也可以接受多元文化的影响，由传播主体转变为传播受体。这种主体和受体角色的互换，有助于跨文化传播参与方之间的理解和认同。因此，可以说，开放的角色转换是高效跨文化传播的重要特征；而在女书的跨文化传播场域中，教育界人士便是能在传播受体与传播主体之间来回转换的典型代表。作为女书跨文化传播受体的教育界人士主要包含专家学者与青少年学生两类人群。

　　首先，专家学者受体吸纳女书文化精华，推动女书文化研究。根据访谈记录，受访者普遍认为专家学者是女书跨文化传播的重要传播对象。李庆福指出："传播对象主要是学者，尤其是国外的专家学者。"这主要是由于女书独特的文化现象吸引了学者的学术研究兴趣。如李庆福所言："国外的学者对女书产生兴趣主要是出于学术研究的目的。"大量国际高校专家、硕博士生通过学术会议、演讲、新闻报道等多种渠道了解女书后，选择以女书为题进行学术研究。他们探索女书的起源、历史和功能性，通过文化探索，深入挖掘女书的内涵和意义，将其与当代女性主义等话题相联系，拓展了女书在人类学、社会学、民俗学、历史学、语言学、文学等多个领域的文化影响。专家学者受体的参与客观上推动了女书研究的国际化进程，进一步丰富了女书的国际研究视野。

　　其次，青少年受众汲取女书文化养分，成为女书发展的有生力量。女书的跨文化传播对象中，青少年群体也占有一席之地。周红金举例称："美国的'Me Too'组织每年会组织大批美国中学生来江永采风和进行文化探源。"这些青少年主要受女书独特文化所启发，追求文化多样性。女书作为文化资源，对青少年教育起到了扩大视野、启发思考的积极作用。然而，这种文化汲取不仅仅是被动地接受，更是一种积极地参与和融合。青少年作为女书传播的受众，不仅在学习和传承中汲取了女书文化的养分，还创造性地将其融入自己的生活和创作中。女书文化不仅在青少年的心灵成长道路上播下了丰硕的文化种子，也为他们成为未来跨文化传播的推动者和创新者奠定了坚实的基础。这种活跃的文化互动，不仅促进了女书的持续传承和创新发展，也为跨文化传播的广度和深度增添了新的动力。

　　综上所述，女书作为一种独特的文化现象，通过跨文化传播的方式在世界范围内传递着深厚的文化内涵。在女书的跨文化传播过程中，传播主体与传播受体之间的角色并不是固定不变的。互联网时代更加凸显了这一点，使得任何个体都有可能成为信息的传播者，同时也能够汲取多元文化的养分。在女书的跨文化传播中，普通民众，尤其是女性以及教育界人士，作为重要的传播受体，各自扮演着不同角色。普通民众是女书传播的广泛对象，女性群体对女书文化有天然的文化认同与共鸣，是女书传播的优选受体，教育界人士既是传播的受体也是传播的主体，在传播中发挥着重要作用。总体来看，不同受体对女书文化有着不同的需求和认同，只有采取差异化的传播策略，结合受体特征进行女书的跨文化传播，才能够取得更好的传播效果。

本节以传播主体、传播内容、传播载体、传播受体四个维度深入分析了女书跨文化传播的多元发展格局。在女书跨文化传播的主体方面，政府部门在跨文化传播中起到了组织、引导和政策制定的关键作用，为女书的创作、推广和贸易提供了坚实支撑。教育界推动着女书的学术研究，为女书的传承与发展奠定了理论基础。社会力量和文化企业的积极参与，不仅丰富了女书传播的内容和形式，还注入了商业活力和市场潜力。尽管目前教育界和政府部门的主导地位较为明显，但随着不断的优化和协同，不同主体的作用将会更加均衡，女书的跨文化传播势必会取得更为显著的成果，闪耀出更加绚丽的文化光芒。

女书跨文化传播的内容丰富多彩，涵盖了女书文字、女书习俗以及女书精神等多个层面。女书文字的独特魅力引起了广泛关注，而女书习俗则通过特定节日和群体，得以以特定的仪式进行传承，虽然局限性存在，但它与现代生活的融合依然为女书传承提供了新的路径。女书精神则体现了平等、开放和疗愈的核心价值，虽然其国际影响力尚待增强，但这一价值体系的跨文化传播有望引起更广泛的共鸣。

女书跨文化传播在线上线下双重载体的共同推动下，取得了显著的进展。线下方面，国际学术交流、文艺展示活动、文化体验与教育培训、国际经贸活动、平面媒体传播等多元途径为女书传播提供了强大支持；而线上载体则通过数字技术的加持，突破了时空限制，为女书的全球传播提供了更广阔的平台。此时正处于线上线下融合的新阶段，需要充分发挥两者的优势，实现有机统一。线下传播强调人与人之间的交流和沟通，而线上传播则借助数字化的力量，拓展传播的范围和影响力。只有两者相辅相成，女书跨文化传播才能在全球范围内持续创新，焕发更加绚丽的文化光芒。

女书的跨文化传播既需要传播主体的协同合作，也需要根据不同受众的特点采取差异化的传播策略。普通民众，尤其是女性以及教育界人士，在传播中扮演着重要角色。他们的需求与认同程度不同，因此需要开展具有针对性的传播方式。

只有在多元、和谐的文化桥梁上不断努力，女书这一独特的文化符号才能在全球范围内充分绽放其文化魅力。展望未来，女书跨文化传播必将迎来更大的成就，为世界文化的多元发展做出更为突出的贡献。

第四章

女书跨文化传播的困境分析

套用女书跨文化传播现状的分析思路，本章节仍然借鉴拉斯韦尔的"5W"模型，从最基本的概念进行细致编码，之后对初始编码节点进行合并和分组，以相对抽象化的概念来描述类别，列出概念化和范畴化节点，最后将有效的概念化节点进一步抽象为女书跨文化传播主体、女书跨文化传播内容、女书跨文化传播载体、女书跨文化传播受体四个方面，从而得到女书跨文化传播困境的三级编码（见图 4-1）

代码			
⊕ 名称	↔	文件	参考点
⊖ ○ 女书跨文化传播的主体困境		8	34
⊖ ○ 社会组织与认可的短缺		4	11
⊞ ○ 组织与合作困境		3	7
─ ○ 传播个体能力困境		2	2
⊞ ○ 政府认可和支持困境		1	1
⊖ ○ 政策支持与监管的乏力		6	11
⊞ ○ 政策支持与指导有待加强		4	5
⊞ ○ 市场监管力度有待提升		1	3
⊞ ○ 政府组织推广存在局限		3	3
⊖ ○ 商业价值挖掘的局限		3	8
○ 商业化价值未被充分发掘		3	6
⊖ ○ 教育资源配置的失衡		2	2
⊞ ○ 女书教育人才与资源匮乏		1	1
─ ○ 少数高校对女书进行研究		1	1

图 4-1　女书跨文化传播困境的三级编码示范图

为了更加直观地感受女书跨文化传播的困境，本书根据女书跨文化传播困境的三级编码形成了女书跨文化传播困境的三级原始编码结果（见表 4-1），并运用 NVivo 14 软件中的可视化功能，直观展示出女书跨文化传播困境的编码层次（见图 4-2）。

表 4-1　女书跨文化传播困境的三级原始编码结果表

范畴	概念	原始语句（举例说明）
女书跨文化传播的主体困境	政策支持与监管的乏力	缺乏政策指导。例如，申报各级别女书文化生态保护区需要制定一系列政策和措施，但缺乏国家和省级专家的指导。 有些人将女书传承作为营利的手段或噱头，自称女书传人。
	商业价值挖掘的局限	商业化价值未被充分发掘。如果不能发现其经济价值并让其成为热门旅游文化，女书可能会被忽视而逐渐消失。
	社会组织与认可的短缺	需要积极调动民间力量。 在境外传播女书时，我们可以尝试用不同的团体组织宣传活动，而不仅仅是独立的艺术创作者。
	教育资源配置的失衡	学术界对女书的研究主要集中在少数高校，如清华大学、武汉大学、中南民族大学、湖南理学院和湖南科技学院等。
女书跨文化传播的内容困境	女书文字的规范化程度欠缺	一个困境是女书的规范化。现今得到业内普遍认可的女书字有 396 个，女书字必须规范起来才能够推广使用。 用字混乱，自创的女书书画与传统女书不符。
	脱离语境的符号解释困难	女书的特殊性导致难以与文化合作。中国和泰国有一些传统是共通的，比如泰国和中国潮汕地区、闽南地区经常有一些庙会的合作，但女书很难从这方面突破。
	女书核心精神的国际认知不足	过分注重女书用字，而忽略女书精神的传递。 海外学者主要关注女书的外在形式和表面意义，对于女书所代表的习俗和文化背景的理解程度相对较浅。
女书跨文化传播的载体困境	原始实物资料的遗失	许多海外学者来到中国进行采风研究，并将研究成果以及一些三朝书等珍贵的女书原件带回各自的国家，比如美国哈佛大学的斯凯森教授、日本的远藤织枝教授等。这些活动让国外的人们了解女书的同时，也造成了中国女书的遗失。
	国际经贸活动规模的制约	女书未能产业化。 女书未与旅游、美容美肤品、游戏等结合起来。
	互动式数字化信息载体单一	在虚拟互动（VR）或游戏等活动方面尚未有明显的涉及。
女书跨文化传播的受体困境	受体的文化理解与认同障碍	对于不同的国家和地区，需要选择合适的传播受体，考虑不同语言和文化背景对于女书传播的影响，以确保传播效果最大化。
	受体的数量匮乏	在社会上，真正使用女书进行交流的情况也非常少。

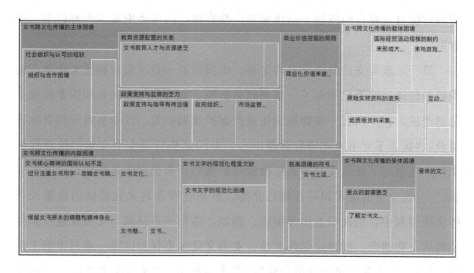

图 4-2　女书跨文化传播困境的编码层次图

由以上图表可以看出，女书的跨文化传播困境能够有效地从女书跨文化传播的主体困境、女书跨文化传播的内容困境、女书跨文化传播的载体困境以及女书跨文化传播的受体困境四个方面展现出来。

第一节　女书跨文化传播的主体困境

在女书的跨文化传播中，传播主体扮演着关键的角色。根据上文分析，女书的跨文化传播主体主要有政府部门、文化企业、社会力量、教育界四个方面，其中教育界的主导地位和政府部门的重要作用占主要比重，而社会力量和文化企业的传播主体作用相对较弱。女书跨文化传播的主体比重各不相同，这也意味着四类主体在传播过程中面临的困境有所区别，问题的突出性和严重性存在差异。

一、政策支持与监管的乏力

女书的跨文化传播无论是从政策制定，还是国家资源投入，或是国际文化交流项目的推广，都离不开政府的统筹和支持。正因如此，政府更需要直面并解决自身存在的问题。总体来看，政府部门的传播困境主要有以下三个方面。

第一，政策支持与指导有待加强。中国政府一直注重非物质文化遗产的保护与传播，并为此颁布了一系列政策法规，如《中华人民共和国非物质文化遗产法》《"十四五"非物质文化遗产保护规划》等。江永县政府结合地方特色，"成立了女书文化研究管理中心，专门牵头负责女书文化的抢救保护工作，还制定了江永女书十五年抢救保护规划，来全面收集整理记录女书文化。"分管女书的陈军副局长如是介绍。然而在涉及跨文化传播的政策及具体实施过程中，仍面临着诸多困境。例如，陈军一直强调，女书在进行世界非物质文化遗产、世界记忆性名录、女书文化生态保护区等一系列申报工作时，"缺乏国家和省级专家的指导"；李庆福指出，"汉语汉字推广的政策并不支持女书文字的跨文化传播。国家也没有提倡将女书推广作为国策。我们推广普通话时，女书并未被专门提倡成为其中一部分"。如何制定和实施有效的政策，以促进女书的跨文化传播和保护，是当前面临的重大挑战。

第二，政府组织推广存在局限。计划经济时期，政府长期扮演全能角色，这种影响至今仍未完全消退。这种现象一方面加重了政府负担，另一方面制约着文化企业与社会力量的自主性。何跃娟认为政府部门在女书文化传播的组织运作和创新能力上存在一定的局限性。她在访谈中提道："政府在女书的传播中应该不仅局限于官方力量，还要积极调动民间力量。"她又说："官方在保护和传承女书方面有一定的限制……没有考虑到如何持续吸引年轻人的兴趣。"仅以政府为主导的女书推广活动可能陷入了一定的固化模式，比如展览、表演等传统形式。这些活动对公众的吸引力和趣味性不够，参与度不高，也不容易唤起公众持久的兴趣。徐焰认为部分政府文化管理部门仅将女书视为一种装饰性的文化符号，在深入挖掘女书背后丰富的文化内涵方面参与度不高。

第三，市场监管力度有待提升。虽然政府制定了一系列女书传承人和女书宣传大使的评选和管理制度，但市场上始终存在一些人滥用女书之名进行不正当牟利的情况。如陈军所说："一些人未经授权就自称为中国女书传承人，一系列的问题导致了女书市场的混乱。"因此，加强监管、规范市场、保证女书传播的健康发展是政府必须加强履行的职责。

综上所述，政府部门作为女书跨文化传播的主导者，在推动女书的跨文化传播中发挥着重要的作用。然而，政府部门也面临着一些传播困境，如政策支持与指导的不足、组织推广的局限性、复合型人才的匮乏和市场监管力度的欠缺。只有克服以上困境，政府部门才能与其他传播主体协同合作，共同推动女书的全面发展。

二、商业价值挖掘的局限

图 3-3 中"女书跨文化传播的主体现状"层次编码反映出文化企业是传播主体中最弱势的部分，对女书的跨文化传播影响力最小。文化企业之所以在女书跨文化传播上的积极性和投入度较低，究其根源，最主要的原因便是女书的商业化价值未被充分发掘。

首先，女书文创产品的开发还停留在较为表浅的层面，创新性不足，同质化问题突出。陈军在访谈中提到，政府曾"鼓励企业打造女书文化相关的文创产品"，但具体成果主要是"将女书元素融入景泰蓝和雕花瓷器等"。何跃娟也指出，女书产品的文创化探索尚未获得较大规模的商业化运作。徐焰认为，目前女书文创产品设计过于简单化，存在模仿和重复现象，没有体现出女书文化的核心价值，也难以吸引消费者。可见，现有女书文创产品在传承创新的道路上，确实有一定进步，突破了传统的女书折扇、女书刺绣等手工制品的局限，使女书文化得以在现代商品形态中传承发展，体现了文化创意产业为传统文化寻找现代化表达方式的努力。但是，这些产品对女书文化内涵的挖掘和创新还不够深入。它们多停留在女书字迹、图案的表层应用，未能深入挖掘女书背后的历史文化内涵与精神价值。这导致产品创新程度不高，难以体现女书文化的核心魅力。

其次，从产业链建设来看，女书文创产业各环节配套不足，难以实现规模效应。陈军提到，尽管政府鼓励文创产品开发，但"在规模和产业化方面还存在一定的挑战"，没有形成完整的产业链条。何跃娟也认为，政府对女书产业化经营的支持不够，没有将女书的文化价值转化为经济价值。可以看出，在原材料供给、产品设计、销售渠道等方面，女书产业链尚不完善，这制约了女书商业化的推进。

最后，女书的文化IP价值也有待提升。陈军指出女书文创产品还需要继续开发，以"吸引外来资本进行投资和运作"。徐焰认为，娱乐、游戏等商业化开发有待加强，这制约了女书IP的商业化实现。可见，女书的文化内涵有待被充分探索和挖掘，以打造成为有影响力的商业IP，从而推动女书产业的发展。

综上所述，文化企业之所以未将女书作为重点发展对象，最关键的原因是女书的商业价值还没有被充分发掘利用。这需要相关企业加强女书文创产品的创新设计，完善女书产业链，并将女书打造成富有商业价值的文化IP，以推动女书产业的蓬勃发展。只有将女书的文化价值转化为经济价值，文化企业才会真正关注和发展女书业务，使女书的传播由政府主推转为社会共推。

三、社会组织与认可的短缺

在女书跨文化传播过程中，以社会人士和团体为主的社会力量积极贡献自身力量，为女书的跨文化传播提供了广阔的舞台和丰富的形式。然而，图3-3中"女书跨文化传播的主体现状"层次编码反映出，社会力量的主体地位偏低。社会力量所面临的一系列困境是束缚其发挥作用的主要原因。

第一，组织与合作困境。首先，组织形式松散，缺乏有效的协作机制。各个社会力量以个人或小组的形式参与，相互之间缺乏交流合作，不利于社会力量形成合力，共同推动女书的跨文化传播。如李若曦在访谈中提道："我们每个团体都太孤立了……在境外传播女书时，我们可以尝试用不同的团体组织宣传活动，而不仅仅是独立的艺术创作者。"刘谢文也认为："缺乏国家间和政府间以及民间机构之间的交流与合作也是一个问题。个人力量难以推动女书文化的传播和交流。"其次，组织上的持续性不足。目前社会力量参与女书传播多以临时性项目或个人兴趣为主，这种碎片化参与难以形成持续性效果。正如刘谢文所说，他作为国际汉语教师在泰国只是"临时借助课堂讲授女书"，这种碎片化的个人参与难以形成持续影响。李若曦也表示，她主要通过个人的艺术创作和展览来传播女书，这种基于个人兴趣的形式参与同样缺乏持续性。这需要通过组织形式的创新，提高社会力量参与的持续性和稳定性。再次，过度依赖个人能力。无论是涉及社会团体还是个人，具体的跨文化传播实践最终都需要依赖于独立个体的实际操作。由此，个体能力的高低直接影响着社会力量在女书跨文化传播中的主体作用。成功的女书跨文化传播不仅要求传播者拥有本专业的专业素养，而且必须具备深厚的女书知识和丰富的国际传播经验。以享誉国际的交响乐大师谭盾和拍摄《密语者》的导演冯都为例，他们在各自的专业领域都具备深厚的功底，但其女书跨文化传播案例的成功，更大程度上取决于他们对女书文化的深入理解以及寻找合适的国际传播渠道的能力。他们深入江永，亲自学习和感受女书文化，然后利用他们在各自领域的影响力和资源，找到适合女书文化传播的国际渠道。这种深入学习和实践的过程，让他们能够以更为生动和真实的方式向世界传播女书文化。因此，对于那些希望参与女书跨文化传播的社会力量，如何提升个体的专业素养，深化对女书文化的理解，并找到有效的国际传播渠道，将是他们需要面对的重要挑战。

第二，政府认可和支持困境。何跃娟女士提出社会人士面临着身份认可困境，"女书的推广者常常遭遇身份认可的困难。有些人认为女书只属于特定的地域和群体，对于外来者来说很难获得认可"。这种身份认可的困境无疑给女书的跨文化传播设置了难以逾越的障碍。只有获得政府的认可，才能获取更多的政策和资金支持，以发挥更大的力量。

总之，在女书的跨文化传播过程中，社会力量以其多样灵活的形式，为女书向全球传播提供了丰富的实践途径。但是，社会力量也面临着组织形式松散、过度依赖个人能力、缺乏政府认可和支持等多重困境，这制约了社会力量在跨文化传播中发挥更大作用的可能。当前，社会力量亟需加强自身建设，改善组织形式，充实资源，提高个人能力，并争取政府及社会各界更多的支持和认可。只有当社会力量自身建设日趋完善、让政府和社会形成良性互动时，其推动女书跨文化传播的主体作用才能充分彰显。

四、教育资源配置的失衡

通过图3-3中"女书跨文化传播的主体现状"层次编码可知，教育界在女书跨文化传播中扮演着至关重要的角色，通过高校学者、国际留学生、青少年研学者等不同层次的教育界人士的推动，女书得以在跨文化传播中取得一定成效。然而，教育界在女书传播中也面临着一些困境和挑战，这主要体现在女书研究和女书教育资源的分布不均以及复合型人才严重匮乏。首先，教育界的女书研究和女书课程主要集中在少数高校，导致女书教育资源的分布不均。周红金在访谈中指出："学术界对女书的研究主要集中在少数高校，如清华大学、武汉大学、中南民族大学、湖南理学院和湖南科技学院等，且传播领域的对话和交流较为有限。"这种集中在少数高校的状况导致女书教育资源的地域性不平衡，限制了更广泛范围内的女书教育推广。其次，复合型人才严重匮乏。人才是文化传播的重要资源，但在女书的跨文化传播中，既了解女书又擅长计算机、互联网等传播技能的复合型人才十分短缺。在访谈记录中，陈军指出："女书领域缺乏专业人才，无论是在计算机、网络方面还是在语言类领域。网络和全球交流需要精通女书的人才，但从事这项工作的人非常有限。政府部门也很难招聘到合适的人员与外界进行接洽。专业领域的人才也不足，影响了女书的传承和发展。"这直接制约了女书在数字资源建设以及国际交流传播中的推进步伐。

总之，教育界在女书跨文化传播中发挥着关键的作用。然而，教育界也面临女书研究和教育资源分布不均、复合型人才严重匮乏等困境。为了克服这些困境，需要加强女书研究的广度和深度，提高女书教育的专业水平，加强教育资源的共享和互助合作，同时政府部门也应加大对女书教育的支持。只有共同努力，才能推动女书的跨文化传播和全球化发展，实现女书的保护和传承目标。

女书跨文化传播的过程中涉及了政府部门、文化企业、社会力量、教育界等多个关键传播主体，这些主体各自承担着不同的角色和职责，同时也面临着各自特有的困境和挑战。政府部门虽然在政策制定和资源配置等方面发挥着重要作用，但同时也面临着政策支持与指导有待加强、推广存在局限、市场监管力度需要提升等问题。文化企业作为商业运营主体，尽管在市场机制运作方面具有独特优势，但其在女书跨文化传播中的作用受限于女书商业化价值未被充分发掘的现状。社会力量以其灵活多样的形式，为女书的跨文化传播提供了丰富的实践途径，然而其面临的组织与合作困境、政府认可和支持困境、传播个体能力困境等问题，制约了其在跨文化传播中发挥更大作用的可能。教育界则因其专业性和权威性，对女书跨文化传播有着重要影响，但其面临的女书研究和教育资源分布不均、复合型人才严重匮乏等问题也不容忽视。

总的来说，女书跨文化传播是一个复杂的系统工程，涉及多个传播主体、多个层面的问题。各个主体需要明确自身的角色定位，积极面对并解决存在的困境，形成互补与合作，共同推动女书的跨文化传播，实现女书的保护和传承。

第二节　女书跨文化传播的内容困境

"传播内容是传播活动的核心元素"，[①] 也是传播可能遭遇困境的关键所在。根据上文分析，女书跨文化传播的内容主要包含女书文字、女书习俗和女书精神三个层面，其中，以文字和习俗为主的表层符号仍是女书跨文化传播内容的主体部分，而深层次的精神内涵的挖掘和传播还有待加强。本节将结合专家访谈，更加全面深入地剖析女书跨文化传播中的内容困境。

一、女书文字的规范化程度欠缺

虽然清华大学出版社出版的《女书规范字书法字帖》中的 396 个字被女书业内普遍认可为女书常用规范字，但胡美月、陈军、何跃娟等众多女书人士都认为这个数量远远不够。陈军指出："在女书传承过程中，存在自称女书传人的人以及用字混乱的情况。"女书文字的规范化程度欠缺，在一定程度上制约了女书文字在跨文化传播中发挥作用。

首先，女书文字存在多种不同解释，导致规范化困难。由于文字传承过程中存在口语化问题，不同地区的文字发音和写法出现差异，导致对文字的

---

① 黄艳君.5G 时代网络主流意识形态传播力提升路径研究 [D]. 重庆：重庆邮电大学，2022：20.

解释存在分歧，这给规范化工作带来了困难。其次，部分女书假体字的争议制约了规范化进程。何跃娟指出，"在规范化方面还存在一些争议和困难。有些人认为部分字体是造假的，这给女书的规范化带来了挑战"。陈军也指出女书存在造假字的问题，"自创的女书书画与传统女书不符"。这种自行创造女书字体的现象，增加了女书文字规范化的难度，进一步削弱了女书文字的规范性和统一性。最后，女书文字的规范化使用存在困难。李庆福发现"汉语在国外的传播当中已经出现了'拼音化'现象"，因此他特别建议"女书的跨文化传播需要注重保持女书的基本特征，正本清源，规范女书的传播"。

二、脱离语境的符号解释困难

女书文字和习俗都处于特定的文化语境中，因此，离开这一语境，其内涵的解释自然就变得困难，使女书符号的跨文化传播面临障碍。

首先，女书文字难以脱离语境理解。女书文字是典型的表音文字，其语音系统以特定的江永土话语音为标准，故而女书语义必然依赖着特定的语境。女书文字使用江永土话语音这一特点，增加了其在跨文化传播中面临的解释困难。具体来看，女书文字中的语义内容需要对江永地域有比较深入的文化理解才能准确解读。若脱离语境，女书符号的内涵解释就存在困难。如图4-3所示，同一个女书字在不同的表音系统中所传达的意思不完全相同，这类情况致使包含外国人在内的江永外乡人难以在脱离江永语境的情况下正确理解女书文字所表达的意义，限制了女书文字准确意义的跨文化传递。由此可见，这种与语境脱钩导致的解释困难，使女书符号的跨文化传播存在障碍。

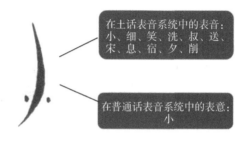

图4-3 《女书规范字书法字帖》女书字示例图

其次，女书习俗的文化语境复杂多样。相比文字，女书习俗的文化语境更为复杂多样。据胡美月介绍，现在在生活中还有人继续遵循女书习俗，但是相对简化了。在这种情况下，外来人员仅仅通过参观女书园难以领会女书的文化内涵。何跃娟也认为仅仅简单体验无法让人领会女书内涵，需要打造古老氛围的场景。这种情况的出现是因为女书习俗与特定的环境以及生活方式紧密相关，这种特殊的文化语境关系增加了女书习俗解析的难度。例如前文介绍的女书习俗"斗牛节"。除了在女书之乡有斗牛节，夏湾等村子及邻近的一些南方少数民族地区也有斗牛节，但庆祝方式并不相同。有牛跟牛斗，有人跟牛斗，还有扮演、模仿牛的人与人斗。唯独江永地区在这一天能够孕育出独特的"女儿节"，究其原因，与前文所提到的"江永偏安一隅的地理环境"，以及"多民族融合的社会文化"有深刻的内在联系。脱离江永复杂的文化语境，便难以理解女书习俗的特殊性。刘谢文在谈及女书习俗的跨文化合作时也指出："女书的特殊性导致难以文化合作。中国和泰国有一些传统是共通的，比如泰国和中国潮汕地区、闽南地区经常有一些庙会的合作，但女书很难从这方面突破。"总体来看，女书习俗的文化语境具有较强的复杂性和局限性，这是习俗传播中难以解决的解释困境。

三、女书核心精神的国际认知不足

女书作为优秀的非物质文化遗产，蕴含着丰富的核心精神，如平等、包容、疗愈等，这些价值观具有跨文化的价值，能够构建起不同文化间的桥梁。然而，在女书的国际传播中，由于过于强调表层符号本身，可能导致对其背后核心精神的忽视，这给女书核心精神的国际认知带来了一定的挑战。

正如李庆福所指出的："在海外学者的研究中，由于缺乏与本土文化的深入了解，对于女书背后的文化内涵的挖掘可能相对较少。海外学者主要关注女书的外在形式和表面意义，对于女书所代表的习俗和文化背景的理解程度相对较浅。"这种研究视角的局限性，一定程度上导致了女书核心精神在国际上得不到充分的认知和传播。

女书文字和习俗作为表层符号，本应承载并传递女书文化的深层内涵。然而，过度依赖这些表层符号的现象，致使女书的核心精神在跨文化传播中被忽视。有些人仅将女书文字视为一种独特的视觉艺术，而忽略其中蕴含的民族智慧；或者仅将女书习俗简化为有趣的表演，而漠视其中的文化认同。这种现象不仅限于学术研究领域，在一些商业化的文化呈现中也有所体现。这种过度关注表面形式而忽视核心精神的做法，制约了女书核心精神在国际上的有效传达和认知，使得其国际认知度不足。

相比表层符号，女书蕴含的平等、包容、疗愈等核心精神更具有跨文化的价值。这些价值观超越了语言和文化的障碍，能够在不同文化间产生共鸣，促进文化交流与理解。如果能够将这些核心精神有效地传播出去，女书就能成为一种具有全球影响力的文化IP，为不同国家和民族之间架起友谊的桥梁。

然而，目前这一层面在女书的国际传播中的影响还非常有限。这种核心精神认知的不足制约了女书的国际影响力，因而需要更加注重女书核心精神的传播和宣扬。通过深入挖掘女书背后的文化内涵，加强国际学者与本土传承人的交流与合作，让更多的人了解和认知女书所蕴含的深厚文化精髓。同时，在推广女书的过程中，要突出核心精神的价值，让其成为传统文化的重要代表，并引导观众和受众去深入理解其背后的文化意义。

总而言之，女书核心精神的国际认知不足是女书跨文化传播中亟待解决的问题。通过加强研究与传播工作，深化对女书核心精神的认知和传递，可以更好地传承和发扬女书这一传统文化艺术，让其在国际舞台上发光发热，为世界文化多样性的交流与共融贡献力量。

综上所述，女书跨文化传播的内容是核心要素，也是可能遭遇跨文化传播困境的关键。目前，女书跨文化传播内容以文字和习俗为主，而精神层面挖掘不足。具体来看，女书文字的规范化程度欠缺，脱离语境的符号解释困难，以及女书核心精神的国际认知不足都是制约其有效传播的重要问题。为解决这些困境，需要通过推进女书文字规范化、重构语境关联、突出女书核心精神价值等手段，提升女书的跨文化传播效果，以促进女书在国际舞台上发挥更大的影响力，为世界文化多样性的交流与共融贡献力量。

第三节　女书跨文化传播的载体困境

女书作为中国独有的女性文字，具有悠久的历史和独特的文化价值，吸引了全球众多学者和文化爱好者的关注。经过多年的传播实践，女书已经初步构建起连接全球的传播桥梁，向世界展示了这一文化瑰宝的独特魅力。然而，女书跨文化传播的路途并非一帆风顺。在各类传播载体的建设和运用过程中，由于各种历史原因和现实局限，女书的跨文化传播仍面临着一定的困境与挑战。下文拟从原始实物资料的遗失、国际经贸活动规模的制约以及互动式数字化信息载体单一三个方面解析女书跨文化传播所面临的载体困境，以期为女书的全球性传播提供一定的参考。

一、原始实物资料的遗失

女书具有"人亡书焚"的习俗，在经历了漫长的时间长河和历史变迁后，以女书文本、三朝书、扇书、织带、巾帕等为代表的女书原始实物资料变得极为珍贵。长久以来，这些资料的采集与保护工作一直面临着诸多困境，如今线下跨文化传播更是在一定程度上加大了女书原始实物资料的流失。周红金指出："许多海外学者来到中国进行采风研究，并将研究成果以及一些三朝书等珍贵的女书原件带回各自的国家，比如美国哈佛大学的斯凯森教授、日本的远藤织枝教授等。这些活动让国外的人们了解女书的同时，也造成了中国女书的遗失。"无论是国际学术交流、文艺展示活动、文化体验与教育培训、国际经贸活动还是平面媒体传播，只要涉及人与人之间的传播与交流，只要人们聚集到江永进行田野调查，都会导致女书原始实物资料向全球流失的风险。据周红金回忆："我参与的一次女书游学活动给我留下了深刻的印象。这次活动是在 2018 年的日本举行。我们前往日本探寻一本三朝书的原件。这本书是远藤织枝老师在中国研究女书时收集并带回日本的。我们有幸在东京的图书馆看到了这本书。"

因此，对现有的女书原始实物资料进行全面而谨慎的采集与保护刻不容缓。如何在女书线下跨文化传播的过程中同时兼顾文化遗产的保护，实现资源的共享而非流失，也是一个需要重点关注的问题。然而，长期以来女书的原始实物资料保护工作并未形成严谨、规范的体系，这一困境在一定程度上阻碍了女书的传播与交流。例如，李若曦认为她在英国时由于缺少系统的女书资料，导致难以与他人进行更深入的交流。可以看出，原始女书实物资料的系统采集与保护仍有待加强。

总之，在当今全球化的语境之下，线下跨文化传播频繁，女书原始实物资料流失的风险也较高。女书原始实物资料的系统采集与保护是确保其传播源头的关键。当前，这一工作仍存在明显不足，需要社会各界密切配合，以减少原始资料的流失风险，为女书的持久传播提供可靠的文化根基。

二、国际经贸活动规模的制约

国际经贸活动是文化产业化的有效路径。但目前女书的国际经贸活动规模仍然有限，产业化程度不高，产品类别局限性较大，这也制约了女书跨文化传播的广度与深度。在访谈中陈军认为女书虽具有产业化的潜力，但还没有形成规模化的产业；政府正致力于将女书文化与旅游、培训、美容等领域结合，打造综合体验式的文化产品，但这项工作尚处于起步阶段。这种现状表明，一方面，女书文创产品的生产和国际流通仍需进一步拓展。现有女书文创产品大多仍处于手工工作坊阶段，没有形成规模化的工业生产。这无法有效满足全球市场对女书产品的需求，也难以实现女书产业的长足发展。另一方面，女书国际经贸活动中的产品类别尚不够丰富。目前，女书文创产品主要集中在传统工艺品如瓷器、丝绸等领域，而在将女书元素融入前沿科技领域的尝试较为有限，如虚拟现实、数字游戏等领域的探索尚不普遍。

这些因素综合影响了女书在国际经贸领域的发展空间和机遇，直接影响了女书在全球范围内的知名度和影响力。要实现从文化资源到文化产业的转化，女书需要进一步加大创新力度，提升女书国际经贸产品的质量和创意，拓展女书产业链条，壮大国际经贸规模。为此，可以通过积极引入先进的技术和制造工艺，提升女书文创产品的生产效率和品质，以满足国际市场对女书产品的需求。同时，可以鼓励更多的跨领域合作，将女书元素融入前沿科技领域，探索新型的文化产品，如结合虚拟现实、数字游戏等技术，为女书的国际经贸活动增添新的发展动力。

总之，女书的国际经贸活动规模目前尚有待拓展。要实现女书跨文化传播的全球影响力，必须持续加大创新力度，提升女书国际经贸产品的质量和丰富度，拓展产业链条，壮大国际经贸规模。通过促进国际合作与交流，将女书文化产业与现代科技融合，开创女书传播的新局面。只有在不断追求创新的过程中，女书才能走向全球，实现持续的跨文化传播和传承。

三、互动式数字化信息载体单一

数字科技为女书的跨文化传播提供了更广阔的空间，然而目前女书的数字化传播渠道仍相对落后，缺乏多样的互动体验形式。李庆福认为，女书在虚拟现实、数字游戏等领域的互动传播载体还未得到充分拓展。现今仅有少数的女书数字化游戏，如女书文字游戏《字源奇说》及女书冒险情境类游戏《女书》等，虽然它们也具有互动性，也可被认定为女书的互动式数字化信息载体，但由于其传播范围及影响力都较低，因而暂未实现跨文化传播。

在女书的跨文化传播领域，当前女书的互动式数字化信息载体主要集中在自媒体板块，强调用户生成内容和互动交流。然而，自媒体属于简单的多媒体形态，与用户的沉浸式互动仍有一定距离。女书亟须运用新兴科技手段，如虚拟现实（VR）、增强现实（AR）等，来构建更为沉浸式的数字传播形式，如数字游戏、元宇宙数字博物馆等，以拓展互动式数字化信息载体的种类和形式，丰富数字体验世界。简言之，在数字传播时代，女书亟须拓展互动式数字化信息载体的种类和形式，构建起更为丰富多样的数字体验立体世界。

综上所述，在女书跨文化传播的历程中，其面临的载体困境主要集中在三个方面。在原始实物资料遗失方面，女书的特殊性使得其原始实物资料变得极为珍贵，而线下跨文化传播的频繁进行增加了资料流失的风险。在国际经贸活动规模制约方面，女书的产业化程度和产品类别的局限性限制了其在国际市场上的影响力与发展；而在互动式数字化信息载体单一方面，女书的数字传播仍相对落后，缺乏多样化的沉浸式互动体验形式，限制了其数字内容的传播范围与参与度。

要解决这些困境，女书应积极推进原始实物资料的采集与保护工作，确保文化遗产的传承不被流失。在国际经贸活动方面，女书需加大创新力度，提升产品质量和创意，拓展产业链条，增加产品类别，壮大国际经贸规模。同时，女书也应积极拓展互动式数字化信息载体的种类与形式，运用新兴科技手段，构建更为沉浸式的数字传播形式，以提升用户参与感和体验感。

通过持续努力解决这些载体困境，女书将能够更好地走向全球，实现持久的跨文化传播和传承。只有在不断追求创新的过程中，女书才能展现其独特魅力，传承其文化价值，促进文化交流与认知，为人类文明的多样性和繁荣做出更大的贡献。

第四节　女书跨文化传播的受体困境

女书作为一种独特的文化表达形式，在不同文化背景下传播时也会面临受体困境，其中主要包括受体的文化理解与认同障碍以及受体的数量匮乏。这些困境涵盖了语言障碍、文化差异、传播受众的有限性等方面，对女书的跨文化传播产生了深远的影响。

一、受体的文化理解与认同障碍

文化存在差异性和多样性。多元化文化赋予了民族与国家独特的思维模式、生活方式及价值观。这意味着各种文化均具备与其他文化不同的特异性。前文提及的跨文化传播的高语境文化与低语境文化理论便是理解文化差异的方式之一。

女书国际受体的文化理解与认同障碍主要指国际受众在面对女书文化时存在着理解的鸿沟和认同的危机问题。这可用斯图亚特·霍尔（Stuart Hall）提出的编码解码理论来解释。在 1973 年，霍尔推出了传播学领域具有标志性意义的代表作《电视话语的编码和解码》（*Encoding and Decoding in the Television Discourse*）。在这篇文章中，霍尔对"发送者—信息—接收者"这一过于简化的线性模式进行了批判。基于此，他构建了包括主导—霸权式解码、协商式解码、对抗式解码三种不同解码立场的"编码解码"理论，亦称为"霍尔模式"。其中，主导—霸权式解码指的是受众完全受制于霸权话语，丧失独立立场，毫无保留地接纳编码者所传达的意义；协商式解码则表示解码者并未完全认同或反对编码者的"专业编码"观点，而是基于某些条件选择性地接受，双方处于充满矛盾的互相协商状态；对抗式解码则意味着受众理解编码者的意图和主旨，但采取批判和抵制的态度进行创造性解码。

结合访谈内容，将以上理论应用于女书的跨文化传播场域，女书的国际受体在语言障碍和文化差异方面存在着较大的理解与认同困境。

第一，语言障碍制约受体对女书的理解。

女书诞生于偏僻的中国湖南省永州市江永县上江圩，其文字以江永土话为语音体系，包含大量的方言词汇，拥有依靠对语境的理解才能准确译码的简约语法结构，以及独特的文字形态。即便标准汉语使用者，也难以全面准确地理解女书的语言内涵。正如刘谢文所言："由于受众的汉语水平较低，他们可能难以理解深奥的词汇和文化内涵。"何跃娟也指出："对于不熟悉土话的人来说，理解和学习起来有一定的难度。"

由于语言差异，在两种不同文化展开交流时，翻译成为必不可少的桥梁。但是，在翻译的过程中，语言障碍成为国际受众理解女书的第一道坎。作为信息的编码者，女书传播主体大量使用本地语言与文字对信息进行编码；而国际受众作为译码者，其解码能力受限，极易导致对信息的误读。由此可见，仅在语言层面的翻译是不足的，必须加强在文化层面的"翻译"。

第二，文化差异制约受体对女书的理解与认同。

根据前文所述，女书的跨文化传播主要集中在儒家文化圈、欧美文化圈、拉丁美洲文化圈以及中东文化圈。不同的文化圈在思维模式和价值观念上存在差异，这也增加了女书精神蕴含的跨文化解释难度。

儒家文化圈包括中国、韩国、日本等国家，奉行以家庭伦理为核心的价值观。在这一文化圈中，传统女性应当顺从父权制度，首先作为贤妻良母，承担照顾家庭的义务。受孝道和贞节观念的影响，女性地位从属于男性，她们在家庭中扮演着丈夫和儿子的附属角色。儒家文化圈女性的主要功能是生儿育女，尤其注重生男孩以延续家谱。以貌取人的传统婚恋观念也影响女性，她们需要以温顺贤淑获得社会认可。近数十年来，该区域女性权益和平等的倡导呼声也在逐渐增强，女性开始争取更多的政治、经济和社会权利。

欧美文化圈包括西欧和北美等国家，这些国家在工业革命后逐步确立了个人主义和男女平等的价值观。女性在政治、经济、社会各个领域都有更多机会参与和发展。女性被鼓励追求事业成功和个人发展，她们可以自主选择发展事业还是成家，并在婚姻中与男性享有同等地位。她们的价值观念趋向于独立、平等和自我实现。

拉丁美洲国家中有许多国家深受天主教影响，女性贞操观念和家庭义务观念较强。妇女主要的社会角色是相夫教子，负责家庭照料和子女教养。但随着社会发展，拉美国家也出现了向性别平等方向的变化。现代拉美国家女性受教育程度提高，也开始参与社会事务和就业，但仍处于变革过程中，女性地位与欧美国家相比仍有差距。

中东地区以伊斯兰文化为主，尽管在不同国家和地区存在差异，但总体来看女性地位比较低下。一夫多妻制度普遍存在，妇女被视为服从男性的工具。女性外出要蒙面，并受到各种社会隔离的不公平待遇。在性别平等观念方面，中东文化圈与西方存在明显鸿沟。然而，随着现代化和全球化的影响，一些中东国家也在逐步改变对女性角色的看法，鼓励女性参与教育、职业和社会活动。

周红金指出："对于不同的国家和地区，需要选择合适的传播受体，考虑不同语言和文化背景对于女书传播的影响，以确保传播效果最大化。"这四大文化圈的女书受众对女性角色和地位的认知存在显著差异，因此女书中的"男女平等""自立自强"等价值理念，并非所有国家和文化圈能够轻易理解与认同。"由于文化的现实差异，每种文化总是按照自身的传统和需要对另一种文化进行选择和取舍，每位接受者总是按自身的思维模式和习俗去关照另一种文化，即自己原有的'视域'意义上规定或限制了人们对异文化的认知和阐释。"① 国际受众对信息的认知框架不同，其解码过程中便可能

---

① 孙青."期待视野"与文学翻译中的"文化误读"[J]. 西南民族学院学报（哲学社会科学版），2002，23（9）：198.

出现偏差，从而导致对女书精神的误读，直接影响女书在该地区的传播效果。

二、受体的数量匮乏

受体数量匮乏指女书跨文化传播的受众总量相对有限，这严重制约了女书国际影响力的提升。虽然如上文所述，女书的跨文化传播范围涵盖了除南极洲以外的六大洲，但女书跨文化传播的受体总量仍相对较小。谈及女书跨文化传播的受体，何跃娟指出："传播对象相对较为有限。"胡美月也提道："现在真正做坐歌堂的人相对较少。在社会上，真正使用女书进行交流的情况也非常少。"这是因为女书作为一种地域文化，其文化特色难以被不同文化背景的外国大众所理解和接受。李庆福的观点强调女书在世界范围内并不是大众关注的话题，更多地传播于学术界和专家学者之间。这一现象与女书所代表的特色文化和区域文化的特点有关。李庆福进一步分析认为，女书现阶段在中国并非主流文化，在全球也非大众关注的焦点。这决定了女书仅仅局限在小众文化范畴，其跨文化传播受众总量受到限制。

总之，女书的跨文化传播受体困境是一个多维度、多层次的问题，既包括文化理解与认同的难题，也包括受众数量的制约。在解决这些困境时，需要通过有针对性的策略和方法，加强对女书的文化解释与翻译，促进跨文化交流与理解。同时，借鉴跨文化传播的理论，如霍尔的编码解码理论，可以为女书的传播受体问题提供新的视角和思路。通过合理引导受众对女书的解读，以及积极拓展女书的传播渠道，或可逐步克服受体困境，实现女书在全球范围内的更广泛传播和认知。

综上所述，女书作为一种独特的文化，其跨文化传播虽已初见成效，但仍面临着诸多困境。本节对女书跨文化传播的困境进行了系统的分析，从传播主体、传播内容、传播载体以及传播受体等方面进行了深入探讨。在传播主体方面，政府、企业、社会力量和教育界都存在一定程度的困境，如政策支持与指导有待加强、商业价值挖掘不够等，这制约了各主体发挥作用的空间；在传播内容方面，女书文字规范性不足、语境依赖性强致使符号难以解释，以及核心精神的国际认知不足都是重要困境；在传播载体方面，原始实物资料遗失、国际经贸活动规模不足和互动式数字化信息传播载体单一等都是制约传播效果的因素；在传播受体方面，语言障碍和文化差异造成理解和认同困难，受众规模相对较小也是问题。

女书作为一种独特的文化现象，其传播之路或许艰辛，但正是这种挑战，使得女书的价值与魅力在不同文化间得以更加深入地传递与探索。通过不断的努力和创新，女书的独特魅力和文化价值定能在全球范围内更广泛地传播，发出更耀眼的光芒。

第五章

女书跨文化传播的发展策略

女书作为中华优秀的非物质文化遗产，其跨文化传播已显现出初步成效。然而，正如一枚钻石需要打磨才能释放出璀璨光芒，女书的跨文化传播仍然面临着一系列复杂而深刻的困境。这些困境扎根于传播主体、传播内容、传播载体以及传播受体等多个关键层面，客观上制约了女书的跨文化传播效果。为了充分发挥出女书的多元价值，需要制定有针对性的跨文化传播发展策略，以解决这些困境，为女书的跨文化传播开辟新的道路，使其在不同文化背景下展现出更加鲜活的面貌，为女书文化的国际传播注入新的活力与动力。

第一节　构建多元主体共治模式　打造女书文化 IP

多元主体共治是一种注重社会合作、协商和参与的治理模式，强调政府、企业、社会组织以及公民等多种主体之间的合作与协调，共同实现社会的公共利益和发展目标。这种治理方式能够最大限度地利用政府在社会治理领域的相关经验，引导社会团体和民众通过交流对公共政策的制定产生影响，从而确保社会公共利益得到最大化实现。推动女书文化全球化传播和经营是一个复杂系统工程，在女书跨文化传播场景下，多元主体共治模式的建立，能够使得政府部门、教育界、文化企业、社会力量等不同主体就共同关注的问题展开合作，形成合力，发挥协同效应，以促使各方在合作中获得实际收益。这不仅能够弥补单一主体的不足，也能促进资源整合与共享，有效推进女书文化的创新与可持续发展。

经济效益才是推动非物质文化遗产可持续健康发展最为核心的要素，也是未来女书跨文化传播发展的重点。充分利用女书文化资源孕育女书文化艺术经营 IP，使其在全球范围内进行有效传播，既能带来可观的经济效益，又能促进女书文化的可持续健康发展。女书独特的文字、丰富的习俗以及熠熠生辉的价值观，都蕴含着极大的 IP 发展潜力。但是，要将这一传统文化成功打造成全球知名的文化艺术经营 IP，需要广泛凝聚社会资源，汇聚各主体力量。任何单一主体都难以完成从传统文化到全球化文化艺术经营 IP 的转化。因此，构建多元主体共治模式，实现资源整合与共享，发挥协同效应，是女书文化艺术 IP 实现全球化经营的重要路径。

一、多元主体治理下的政府保障

政府在推动女书文化全球化传播与经营中起着重要作用，其出台与执行的政策直接影响着多主体的行动方向与合作方式。具体而言，政府需要在以下方面发挥作用。

第一，完善以法治为前提的多元主体治理保障机制。实现多元共治，务必依赖法治方式。各类治理主体需运用法治思维来分析与解决问题。女书跨文化传播活动受益于政府机关提供的法治保障，使其在合规环境下推进。构建多元主体共治模式的法律框架，需要代表国家权威的政府自上而下制定相关法律法规。以"立法保障、司法介入、法律执行、法律监督"[①] 四个方面建构健全的法律保障体系。通过法律制定，确保政府、文化企业、社会力量以及教育界等多元主体的合法地位和责任范畴，规范协作行为与利益关联，保持多元主体的治理秩序。现阶段中国已颁布了《中华人民共和国非物质文化遗产法》《中华人民共和国著作权法》《中华人民共和国专利法》《中华人民共和国商标法》《中华人民共和国计算机软件保护条例》《中华人民共和国知识产权海关保护条例》等一系列与女书等非物质文化遗产相关的法律法规，但在跨文化传播领域，无论是立法保障、司法介入、法律执行还是法律监督，仍存在较多的空白领域与进步空间，需要政府职能部门在实践中进一步研究与完善。

第二，践行以协商合作为基础的多元主体治理规则。形成多元共治，需要政府部门、文化企业、社会力量、教育界人士在政治信任、利益整合、权责

---

① 鹿斌，周定财．国内协同治理问题研究述评与展望［J］．行政论坛，2014（1）：84-89.

划分和实践协作等方面达成共识。首先，建立政治信任。信任是合作的基础，公民对政府的信任度越高，参与女书传播的积极性也越高。政府确认文化企业、社会力量、教育界人士的政治地位，是激发其主动性的关键保障。应适度推动公众参与，确保政治身份的认同，帮助公民培养责任感，形成政府和公民的良性互动。其次，实现利益整合。共同利益可以推动主体间的合作。利益契合程度越高，合作越紧密。政府应倡导平等对话，广泛征求各方意见和建议，回应各方诉求，达成利益共识。再次，明确权责分工。权责包括政府治理权力，文化企业、社会力量、教育界人士的参与权力，以及各主体应承担的治理责任。权责明确是多元共治的关键。政府负责提供政策指导、实施监督、提供法律保障；文化企业、社会力量、教育界人士负责资源保障、技术支持、对政府的监督约束，从而提升公共服务质量和社会治理效益。最后，加强实践合作。合作是一个相互调整的动态过程，通过制衡，既限制政府权力，也约束文化企业、社会力量、教育界人士对权力的滥用，推动治理成熟。

在多元主体治理的框架下，政府、教育界、文化企业、社会力量能够在一个良性的环境中开展合作，实现资源有效配置，并得到公平竞争的市场环境。这是推动女书文化全球化传播与 IP 建设的有力保障。

二、文化企业的女书文化 IP 打造

为推动女书实现持续发展，文化企业应发挥自身优势，通过商业化运作，将女书打造成为富有国际知名度和影响力的全球化文化艺术经营 IP。

第一，加强女书文创产品的创新设计。文化企业可以组建高水平的女书文创产品设计团队，邀请在平面设计、服装设计、工业设计等领域具有丰富经验的顶尖设计人才加入，形成跨学科、跨领域的设计合力，依托女书独特的文化内涵和艺术魅力，从女书的文字符号、独特习俗、精神内涵等不同维度汲取设计营养和灵感。可以将女书元素融入服饰、数码产品、家居用品等不同载体中，使其既保留传统韵味，又兼具现代气息。还可以举办女书文创产品设计大赛，从中选出富有创意的产品方案，以提升女书文创产品的差异化程度和吸引力。创新设计可以突破现有女书文创产品同质化的局限，使产

品在形式和理念上都实现差异化,从而赢得消费者的青睐。

第二,完善女书产业链条。文化企业可以整合社会资源,吸引更多社会资本投入女书产业,加强不同环节之间的协作配合,提高产业链条的衔接效率。还可以依托政府政策支持,加快女书产业化步伐,使女书产业链从不完整的状态逐步丰富和完善,形成从原材料供给到产品开发设计,再到生产制造与包装,最后到市场销售与推广等全产业链条高效运转的格局。只有产业链条完整、各环节协同高效,才能持续提供质优价廉的女书产品,扩大女书的影响力。

第三,开发女书节日庆典活动。文化企业可以深入挖掘女书独特的节日文化内涵,策划开发形式新颖、内容丰富的女书节日庆典活动。比如可以以江永的妇女节——"斗牛节"为契机,举办国际女性艺术家联展、女书习俗体验周、女书书画展等一系列活动。还可以丰富女书文化的内涵,拓展其商业空间,将女书与观光、娱乐等领域进行有效结合,推动女书文化观光的产业化,从而获得更大的社会效益和经济效益。开发独特的女书节庆活动也可以增强女书的吸引力和美誉度,有助于将其打造成全球知名的文化品牌。

第四,开拓国际合作空间。文化企业可以通过吸引国际资本参与女书产品开发,打造兼具中国传统韵味与国际化特色的女书产品。也可以选择与全球知名企业开展合作,共同研发面向国际市场的女书产品,实现优势互补。此外,还应加强女书国际文化交流,举办展览、表演等活动,帮助女书走出国门,提升女书的国际知名度。这既拓展了女书的全球空间,也使其文化内涵注入了国际化视野。

总体来看,文化企业应发挥自身的市场优势,持续提升女书的经济价值和文化价值。通过产品创新设计、完善产业链条、开发节庆活动、拓展国际合作等方式,将女书打造成为商业化程度高、国际知名度广的全球化文化艺术经营 IP。这不仅能满足市场需求,也能使更多人了解和传播女书文化,实现女书文化传承、传播与创新的有机统一。

三、社会力量的广泛参与

社会组织与个人在女书的跨文化传播中具有不可忽视的作用。然而,社会力量在参与女书跨文化传播活动时也面临着组织形式松散、缺乏政府认可和支持、个体能力不足等诸多困境；而构建多元主体共治模式，可以有效激发社会力量的活力，使其成为打造女书全球化文化艺术经营 IP 的重要力量。

第一，合作与协同。多元主体共治模式鼓励社会力量之间建立合作伙伴关系，实现资源共享、信息交流和协同创新。社会力量可以组成联盟，集结企业、文化机构、学术界、艺术家等多方力量。通过定期合作会议、共同制订计划，提高协同合作效率，共同参与女书跨文化传播活动，为女书全球化文化艺术经营 IP 的打造提供坚实基础。比如，可以组建女书跨文化传播联盟，汇聚女书研究机构、传播公司、文化艺术团体等，共同开展女书国际传播、文化交流等活动。定期召开会议，合力规划女书全球化发展蓝图。还可以建立女书跨文化传播信息共享平台，实现伙伴间的资讯互通、经验传播、成果分享。这些举措可以增进协作密切度，形成强大合力。

第二，资源充实与整合。社会力量可以通过多元主体共治，整合社会资源，充实女书跨文化传播活动所需资源。合作伙伴可以共同筹集资金、提供场地、技术支持等。政府部门、文化基金会等机构也可以通过提供资金拨款、设立专项基金等方式，为女书跨文化传播活动提供有力支持，推动全球化文化艺术经营 IP 的成功塑造。例如，可以向中国文化部申请举办女书国际文化论坛的资助；争取地方政府对举办女书文化节的支持；联系企业赞助女书全球艺术大展；吸引文化艺术基金会设立女书跨文化传播基金。这些资源的汇聚可以为女书的国际传播提供更为充沛的支持。

第三，能力提升与培训。多元主体共治模式鼓励社会力量为个体参与者提供培训和教育，以提升他们在女书跨文化传播领域的能力。举办国际交流讲座、工作坊、培训班等，让从事女书跨文化传播的学者获得跨文化交流、国际合作等方面的专业知识和技能，为女书的全球传播提供更为有力的支持。例如，可以定期举办女书跨文化传播实务研讨会，邀请资深传播专家进行技能指导；开设女书文化讲师专项培训，提高文化讲解能力；组织女书国际传播人才出国进修，拓展全球视野。这些举措可以培育更多优秀的女书跨文化传播人才。

第四，政府与社会互动。多元主体共治模式还鼓励社会力量与政府形成积极互动，共同推动女书跨文化传播活动。社会力量可以制订详细的合作计划，与政府部门定期沟通，争取政府在政策、资源、环境等方面的支持。政府则可以依托社会力量的创新力和灵活性，推动女书的跨文化传播。比如，社会组织可以就女书全球化发展规划与政府进行磋商，提出项目申请；政府可以聘请社会专家参与女书国际传播的决策咨询。这种良性互动可以形成政府和社会力量的共同推动。

总之，构建多元主体共治模式，可以充分激发社会力量的积极性，推动其在资源整合、协作机制、能力建设、政府互动等方面不断完善，使其成为助力女书实现全球化发展的重要力量，为女书全球化文化艺术经营 IP 的塑造提供坚实支持。

四、教育界的合作创新与人才培养

教育界通过合作创新与人才培养，能够为女书的跨文化传播以及全球化文化艺术经营 IP 的打造奠定坚实的知识基础和人才支撑，发挥其他主体难以替代的作用。

第一，教育界应着力拓展女书研究的广度与深度。高等院校可以建立女书研究的学科交叉平台，汇聚语言学、文学、历史学、人类学、美学、社会学等不同学科的研究力量，形成合力聚焦女书文化，开展多角度、多层次的研究，不断丰富女书研究的内涵。同时，应加强与国际高校和研究机构的合作，共建女书研究国际合作平台，吸收借鉴全球女书研究成果，拓宽女书研究的国际视野。这既能促进女书研究的学科交叉，也能提升女书研究的国际化水平。

第二，教育界应加强女书教育资源建设与共享，不断提高女书文化创新的教学质量。高校可以联合建立统一的数字化女书教育资源平台，开发丰富的数字化课程资源，如微课、视频、电子书等，方便师生获取。同时提倡教师创新线上线下融合的教学方式，充分利用两种教学模式的长处，提升学生的学习积极性。各高校还应建立女书教育资源共享机制，实现资源互通、互借、互补，提升教学效果。

第三，教育界应着重培养复合型的女书文化创新人才。这类人才既要具备扎实的女书文化修养，又要掌握商业运营、传播技术等知识，能够将精美的女书文化有效转化为富有创新性的线上或线下文化产品，拓展女书文化的现代传播形式。然而，基于现阶段的女书文化仍属于小众文化，加之大学生就业需求等问题，高校可以暂缓设置具有交叉特色的女书文化创意与传播类专业，转而通过开设女书素养课、女书选修课、校企合作等方式，使不同专业的学生在学习女书文化的同时接受商业运营、传播技术等方面的训练，培养出既理解女书文化，又能利用现代手段进行创新性传播的复合型人才。

总之，教育界应在拓展女书研究广度与深度、加强女书教育资源建设与共享、培养复合型人才等方面着力作为，为女书文化的跨文化传播与全球化发展提供坚实的知识支撑和人才保障，发挥其在女书全球化文化艺术经营IP打造中的重要作用。

综上所述，通过多元主体共治模式的建立，可以更好地推动女书文化的全球化传播和经营，将其打造成影响力强大的全球化文化艺术经营IP。在这一模式下，政府发挥治理作用，完善法治保障机制，践行以协商为基础的治理规则，为各方合作创造良好环境。文化企业凭借商业优势，加强女书产品创新设计、完善产业链条、开发节庆活动、拓展国际合作空间。社会力量通过资源整合、协作机制、能力建设、政府互动等方式，充分参与跨文化传播。教育界则致力于拓展女书研究广度与深度、加强女书教育资源建设与共享、培养复合型人才等方面。各方形成合力，实现资源共享，发挥协同效应。

女书文化内涵丰富，具有发展成为全球化文化艺术经营IP的巨大潜力。构建多元主体共治模式，不仅有利于汇聚社会资源，实现女书从传统文化到文化产业的转化，也是对多主体共治理论的积极探索，其经验对推动其他非物质文化遗产的发展具有重要借鉴意义。

第二节　传播女书核心精神　塑造女书阳光形象

女书作为世界上现存唯一的女性文字，蕴含着丰富的文化内涵。然而，在女书的跨文化传播中，对其核心精神的关注度不高，这在一定程度上制约了女书国际影响力的提升。

正如赵丽明所述："女书虽然是女性的专用文字，但女书是自由、自在、阳光的，并非诡秘文字。"① 女书所涵盖的平等自强的人性精神、开放包容的世界精神和疗愈和谐的生命精神等，正是女书"阳光形象"的内核。相较于传播女书文字及女书习俗，传播女书核心精神、塑造女书阳光形象显然更能促进女书跨文化传播的可持续性长效发展。首先，它能够体现女书独特的文化价值，让国际社会更好地认识女书符号的灵魂，理解女书背后的文化内涵；其次，它能够弘扬女书的价值，寻求更多的国际认同与共鸣，使女书更易获得国际社会的好感；最后，它能够通过阳光形象的正面导向和亲和力，降低跨文化传播中的认知壁垒，使女书为更多的国家和群体所接受。传播女书核心精神、塑造女书阳光形象可从以下两个方面着手。

一、挖掘核心精神，创新活动设计

为了在跨文化传播中充分体现女书的核心精神，创新活动设计可以成为引发群众广泛关注和深入理解的有力工具。传播女书核心精神的过程，可以在深度挖掘女书核心精神的前提下，采取多种创新策略，全面呈现女书平等自强、开放包容和疗愈和谐等内在特质。

首先，举办学术研讨会、交流会等学术性活动，为专家学者提供一个平台，有助于深度挖掘和普及女书的核心精神。通过专家学者的研究分享和深入交流，能够更加深入地探讨女书的核心精神。这种学术交流不仅能促进女书精神内涵的深入挖掘，还能将女书的价值观融入学术讨论中，进一步提升女书的国际影响力。此外，还可以通过交流会等形式，将女书的核心精神传达给广大受众，塑造为大众所期待与接受的女书阳光形象。

其次，利用线上线下各类传播载体，创新传播活动设计，注重在传播过程中女书核心精神的外在展现。例如，通过影视、戏剧等艺术形式传播女书时，可以在剧情编写上突出展现君子女自立自强的性格和"顺势而为"的智慧，通过生动的故事情节和角色塑造，在情感上引起观众的共鸣，使他们更

---

① 赵丽明. 传奇女书：花蹊君子女九簪［J］. 全国新书目，2021（5）：29.

深刻地感受到女书所传达的阳光价值观。又如，可以组织以女书核心精神为主题的设计比赛，从而激发更多人的参与和创造。这些比赛活动既为参与者提供了表达自我、传递价值观的机会，也为观众提供了感受女书核心精神的渠道。通过参与设计比赛，大众可以通过艺术作品表达女书核心精神的内涵，从而向观众传达出阳光、积极的形象。

二、引用现代价值观，创造共鸣

借助引用现代价值观的方式，将女书的核心精神与当代社会的需求相结合，从而增加跨文化传播的吸引力和共鸣力。以女书"平等自强的人性精神、开放包容的世界精神、疗愈和谐的生命精神"为引导，结合当代女性追求的价值观，呼应现代社会的价值取向，使女书核心精神在当代传播中更具时代意义。

第一，女书自立自强精神与现代女性自我实现的内在相联系。女书倡导的独立自主、自强不息的精神，与当代女性追求自我实现的内心需求高度契合。女书鼓励女性发挥自身潜力，勇于追逐梦想，这与现代女性自我实现的价值取向一脉相承。因此，在传播中需要突出女书精神与现代女性自我价值实现之间的内在联系，唤起现代女性的认同和共鸣。

第二，女书平等开放思想契合当前多元价值取向。女书倡导男女平等、民族平等的思想，强调个体独立价值和多元文化并存，这与当今主流社会提倡的多元包容、反歧视的价值观高度一致。因此，在传播中应当将女书的平等开放精神，与当前多元价值的发展方向紧密结合，使之为更广大的现代公众所认同。

第三，女书生命智慧可治理现代生活缺失。女书自然、简朴、理性的生活态度以及强调家庭和睦、社会稳定的重要性，这些积极的生命智慧可以对治当前社会存在的虚浮生活和人际关系缺失。因此，传播中需要凸显女书的疗愈智慧，唤起现代公众对真善美生活的追求，缓解社会生活给予大众的焦虑与躁动，增强女书的时代价值。

总之，在传播活动中，需要从多角度挖掘女书与现代价值理念之间的契合点和共鸣点，使女书的核心精神在当代社会大放异彩，从而提高女书跨文化传播的吸引力与感染力。

综上所述，传播女书核心精神、塑造女书阳光形象，是推进女书跨文化传播、提升女书国际影响力的重要举措。这既需要深入挖掘女书的核心精神内涵，又需要采取创新手段，将其有效传播。一方面，要组织开展形式多样的学术交流活动，深入探讨女书的核心价值，并通过各类传播载体，将其转化为受众容易接受的阳光形象。另一方面，要紧密结合当代社会发展需求，将女书核心精神与现代价值理念进行有效结合，增强对不同受众群体的亲和力和感染力。

只有持之以恒地进行女书核心精神的挖掘、呈现和传播，让更多国家和群体认识到女书的独特魅力，女书才能在世界范围内绽放异彩。在各界的共同努力下，女书的阳光形象定会深入人心。女书作为重要的文化遗产，也必将以其独特的魅力，为构建人类命运共同体而贡献巨大智慧。

第三节　拓展数字化传播载体　构造立体式传播矩阵

近年来，女书的跨文化传播日益受到重视，并已初步构建起连接全球的桥梁，向世界展示了这一非物质文化遗产的独特魅力。然而，从图3-3可以看出，现阶段女书跨文化传播主要以线下传播载体为主，如国际学术交流、国际经贸展览等，线上传播载体仍主要集中在自媒体领域，有待进一步开发。虽然线下传播依托实物展示、人际交流等形式，能够实现直观和生动的文化呈现，但同时也面临着时间、空间等方面的制约，难以实现快速而广泛的文化传播；而数字化传播的快速崛起为文化传播带来了前所未有的便利与可能。

拓展数字化传播载体，构建立体式传播矩阵，对推动女书实现更广泛和深入的跨文化传播具有重要意义。

首先，数字科技为女书传播提供了更广阔的空间。AR、VR、AI等数字技术为文化传播打开了新的可能性。这些技术手段可以突破时间和空间限制，将女书数字资源无限拓展至虚拟世界，实现沉浸式的交互体验，并促使女书传播的范围与速度大幅提升。这为女书的创新传播提供了广袤的想象空间。当今社会正处于数字化浪潮之中，数字科技正在深刻重构人类的生活方式和社会形态。依托数字平台进行快速传播已成为当今世界的主流。

其次，数字化传播有利于重现女书文化的独特语境。根据前文可知，女书文字和女书习俗都处于特定的文化语境中，因此，离开这一语境，其内涵的解释自然就变得困难。数字技术为文化内涵的多维度呈现提供了可能。通过文字、图像、音频、视频等多媒体数字内容的有机整合，可以全方位重构女书语言的语境，展示女书背后的丰富文化内涵；依托虚拟技术，可以打造沉浸式的数字博物馆、数字游戏等虚拟场景，使人仿佛身临其境，对女书文化有更立体化的感受。

最后，数字化传播能加强文化互动性，提高受众参与度。数字传播平台可实现人机交互，用户可参与互动，这增强了受众的参与感和文化认同感。以数字游戏为例，玩家可通过角色扮演等形式对女书文化进行虚拟体验，从中获取乐趣与启发。这种高度个性化的沉浸式体验，更契合新生代受众的认知特征和审美需求。因此，拓展数字互动载体是提升女书跨文化传播互动性的重要手段。

鉴于此，为有效拓展女书的数字化传播载体，构建立体式的数字化传播矩阵，可从以下方面着手。

一、建设多语种女书数字资源库

在数字化时代，构建数字资源库已成为文化传承的必要手段。对于女书这一具有跨文化价值的传统文化，建设多语种的数字资源库有着重要的意义。此类资源库可提供中文、英文等多语言的文字解说，并使用语音合成、翻译技术等，生成多语种的音频解说，为国际用户提供更便捷的浏览和检索方式。除此之外，多语种资源库还可涵盖女书文字、女书图像、女书音视频等多种形式，以为不同类型的用户提供丰富的资源。从女书实物的线上采集与保护到助力女书文字的规范化编纂，都可以在数字资源库中得以实现。

首先，推进女书原始实物资料的线上采集与保护。多语种数字资源库可以为女书的原始实物资料提供线上采集与保护的平台。鉴于女书"人亡书焚"的习俗以及女书跨文化传播的深入,女书的原始实物资料面临损耗或遗失的风险。通过数字化手段,可以将这些珍贵的实物资料记录下来,并在数字资源库中进行保存和展示。

其次,助力女书文字的规范化编纂。多语种数字资源库不仅可以保存女书经典作品的数字化版本,还可以为女书文字的规范化编纂工作提供丰富的研究素材,具有重要的学术价值。利用大数据、区块链等技术将女书经典文献进行数字化处理,不仅可以保存原始内容,还可以为后人的语言学研究提供学术参考,促使业内尽快达成统一标准,助力女书文字的规范化编纂工作。

除此之外,女书多语种数字资源库的建设还要注重资源的复用与共享。资源库数字化整合女书文化资源后,这些资源可复用于其他数字化应用场景,如女书数字博物馆、女书数字游戏设计等,实现资源共享。资源的复用与共享不仅提高了资源的利用率,还促进了不同传播载体之间的互动和衔接,也能吸引更多的创意设计,促进女书数字资源的持续丰富。

总之,构建多语种的女书数字资源库,可高效整合女书数字文化资源,加之以多语言的形式呈现,将成为女书数字化传播与研究的基础设施和数字资源宝库。资源库的建设对推进女书数字化发展意义重大。

二、构建沉浸式女书数字博物馆

数字化时代,可借助先进的技术手段打造沉浸式女书数字博物馆,并使其成为体验女书文化的重要场所。这个虚拟世界将为用户带来前所未有的体验,让他们仿佛置身于女书的历史与现实之中。通过体验、互动和情境任务的设计,用户不仅可以了解女书的历史和文化,还可以深刻地感受其独特魅力。沉浸式女书数字博物馆的建设,有利于将女书文化推向国际舞台,为其核心精神的传播打开新的途径。

在数字化传播的浪潮下,AR、VR、AI等沉浸式技术成为打造虚拟体验的重要手段。该数字博物馆在虚拟场景中可重构女书文化元素,用户运用数字设备即可沉浸其中。该数字博物馆可虚拟女书村寨的语言文化场景。例如,精细还原古建筑,配合户外自然环境,重现村寨全景;运用人物模型和

AI 系统，模拟君子女对话场景，增加仪式感。这些高度还原的数字场景，可带用户穿梭时空，身临女书村寨。该数字博物馆还可以数字化展示女书实物，如三朝书、织带、日常器物等。可提供多角度观察、放大，呈现实物的质感和细节。该数字博物馆还可辅以多语种解说，讲解实物的历史以及背后的故事和文化内涵。

沉浸式女书数字博物馆不仅仅是观赏的场所，更是一个互动式的体验空间。用户可以与虚拟环境进行交互，深入了解女书文化的方方面面。例如，用户可以在虚拟场景中与虚拟人物进行对话，了解他们的生活和思想；也可以触摸虚拟展品，获取详细的解说和信息。这种互动与体验的加强，使用户能够更加深刻地感受到女书文化的内涵。为了进一步增强用户的参与感，沉浸式女书数字博物馆还可以设计情境任务，让用户在虚拟世界中完成各种任务和挑战。比如鼓励用户通过参与女书习俗，体验女书文化的独特魅力；或者激励用户上传自制的女书创意作品，丰富展览内容。这些情境任务的设计，不仅丰富了用户的体验，还可激发公众的参与热情，促进用户之间的交流和互动。

然而，构建沉浸式女书数字博物馆也面临着一些挑战。首先，技术的发展和应用需要大量的投入，包括硬件设备、软件开发等。其次，设计虚拟世界需要充分考虑用户体验，避免引起不适或困扰。同时，为了保证沉浸式女书数字博物馆的长期运营，还需要制定有效的维护和管理策略等。

三、开发交互式女书数字游戏

在数字化传播的浪潮下，开发交互式女书数字游戏成为拓展传播渠道、吸引青少年群体的有力手段。交互式数字游戏将女书文化融入游戏场景中，使用户在游戏中深入体验和探索女书文化。

交互式女书数字游戏的核心在于将女书文化融入游戏场景中，通过设置与女书主题相关的任务和角色，让玩家在游戏中体验女书文化的独特魅力。游戏可以设置模拟女书习俗或君子女角色扮演的任务，玩家通过完成这些任务，可以更深入地了解女书的历史、价值和文化内涵，从而实现文化的传承和认知。

与传统的线性传播方式不同，交互式数字游戏更加注重利用互动性和趣味性来吸引玩家主动参与。游戏可以构建沉浸式的虚拟世界，使玩家身临其境地探索女书场景、完成任务，在互动中感受女书文化。同时，游戏还可以设计情感化的场景任务，引发玩家的情感共鸣，增强游戏体验的沉浸感。

通过这种沉浸式的游戏方式，玩家不仅可以学习女书的历史知识，更可以在互动中体验女书独特的文化内涵。这有助于加深玩家对女书文化的理解与认同，将女书的核心价值传达给青少年群体。交互式女书数字游戏可以弥补传统学习方式的不足，以寓教于乐的手段推动女书的跨文化传播。

然而，开发交互式女书数字游戏也面临着一些挑战。首先，技术的应用和开发需要一定的投入，包括软硬件设备和开发团队的培训。其次，游戏的设计需要充分考虑用户体验和文化传达的平衡，避免流于娱乐化而忽略文化的深度传递。同时，如何保持对游戏的持续吸引力，以及如何激发玩家的情感共鸣，也是需要认真思考的问题。

总之，交互式女书数字游戏可以为青少年群体开辟一个主动参与女书文化的新途径。游戏的趣味性和互动性将有效提高女书的吸引力与影响力，对推动女书的跨文化传播意义重大。

综上所述，拓展女书数字化传播载体能有效打破以线下传播为主的女书跨文化传播载体现状，以达到构造立体式传播矩阵的目的。构建数字资源库可实现女书文化遗产的全面数字化收录，为数字应用奠定基础。打造数字博物馆和数字游戏等新型互动载体，不仅可增强女书的表达手段，还可提升跨文化传播的互动性，吸引更多新生代群体参与。当然，数字矩阵构建也需要解决技术取得、内容设计、用户体验等方面的挑战。展望未来，数字化无疑为女书的创新性传承提供了更为广阔的空间。

第四节　推行差异化文化阐释　推动文化互鉴共生

这是一个多元文化的世界，各国和地区在语言、文字、风俗习惯等各个层面呈现出显著差异。这种广泛的文化多样性在丰富人类文明形态的同时，也为跨文化交流带来了巨大的挑战。在跨文化传播的进程中，由于参与者之间的文化背景和理解模式存在差异，常常导致编码者与解码者之间存在认知的鸿沟。为解决这一问题，需要采用差异化的文化阐释策略，以促进文化的相互借鉴与共生。具体而言，差异化的文化阐释涵盖根据不同国家、不同文化群体，甚至不同性别的特点，有针对性地采用文化传播方式，有助于降低双方的认知差异，实现对异质文化的理解和认同。这需要构建适应国际受众文化需求和心理需求的传播方式。

一、搭建符合国际受众文化需求的传播方式

第一，在当今世界多极化、文化多样化背景下，民族文化在世界的传播必须考虑国家的不同、地区的差异以及民族的迥异，他们的文化本质不同、文化特征有别，成功的跨文化传播实践是建立在对这一现状透彻的分析和了解基础之上的。故而，为了实现跨文化传播的预期效果，有必要根据传播对象的文化特性差异，采取针对性的方法。针对性的文化传播策略方才是最具成效的传播方式。

第二，通过前文分析得知，女书跨文化传播主要涵盖儒家文化圈、欧美文化圈、拉丁美洲文化圈以及中东文化圈等不同文化圈，且这四大文化圈的女书受众对女性角色和地位的认知存在显著差异。因此，女书跨文化传播应该因地制宜，结合不同国家的文化背景进行本地化编码，竭力将女书的跨文化传播实践导向"协商式编码"，尽量避免"对抗式编码"的不良局面。就女性权益而言，欧美文化圈普遍承认男女平权，女性独立自主、平等自由的价值观已相对成熟，因此，女书在欧美文化圈中更适合偏重展现其开放、包容、创新的精神特质，以与西方女性主义价值观进行对话，在文化碰撞中获取更多的国际影响力与创造力；儒家文化圈和拉丁美洲文化圈的女性地位较类似，女性权益与价值在变革中越来越多地被主流社会所认可，但仍有较大的上升空间，因此，女书在儒家文化圈和拉丁美洲文化圈中更适合偏重展现其独立自主、平等自强的精神特质，以便于启迪民智和引发共鸣，激发此区域更多女性的自我觉醒；中东文化圈因特殊的宗教文化影响，女性地位相对低下且在短时间内难以轻易改变，因此，女书在中东文化圈中更适合偏重展

现其顺势而为、疗愈和谐的精神特质，以发挥女书独特的鼓励、抚慰作用，为当地女性提供精神寄托。

当然，以上仅为宏观方向，具体传播策略还需要考虑每个国家或地区的民族文化细节。但总的来说，区分目标对象，因"文化"制宜地进行文化编码，是实施有效的跨文化传播的重要原则。这既尊重了文化差异，也使交流更具针对性。在交流中求同存异，让全球文化实现合理衔接，才能使女书的核心价值观为国际社会所理解和认同。

二 、搭建符合女性受众心理需求的传播方式

女性群体与女书文化有着天然的文化认同与共鸣，是女书跨文化传播中尤为重要的传播受众；而女性心理与其生活的社会与时代密切相关，有其区别于一般男性的独特之处。因此，搭建符合女性受众心理需求的女书跨文化传播方式，需要从情感化叙事、情境融入、心理价值传递等方面着手，采取富有创造性的编码方式，进行积极的价值传递。

第一，情感化叙事。女书传播到异域文化中，最基本的问题在于跨越认知鸿沟，唤起受众的文化情感共鸣。应该注意运用富有情感的叙事手法，选取女书中反映妇女命运和人生智慧的精彩片段，用动人的笔调进行创造性的再现。这种人文精神的内容更能触动异国女性受众的心灵，激发跨文化层面的情感回应。如果仅采用理性化的传播方式，难以打动女性，也就错失了文化认同的良机。此外，创作一些女书名篇的音乐、舞蹈等艺术改编作品，用艺术的感染力唤醒受众的文化情感，也是行之有效的方法。总之，情感化的叙事和艺术创作是女书跨文化传播的"密码"，需要与女性受众的心灵产生共鸣，而不仅停留在智力层面。

第二，情境融入。女书的跨文化传播需要在形式上进行创新，将其价值理念融入女性受众的现实生活中。比如在女书戏剧、舞剧中选取能够引起女性共鸣的生活情景，如生育阶段的艰辛、日常家务的烦琐、职场境遇的不公等，通过描写女性群体在现代生活中所面临的相似困境以及君子女自强奋斗的人生经历，体现女书各个层面的文化精神内核。这种本土化的情境设计，能使女书的意义实现"生根"，而不仅是停留在表面的文化介绍。当然，融

入情境的创作要针对不同区域的文化特征，区分目标受众，因地制宜地创作编码，才能提高女书价值的认同度。

第三，心理价值传递。女书的跨文化传播应关注异域女性受众的心理需求，传递其独特的价值理念。心理价值传递是另一种重要的传播策略，可以帮助国际女性受众理解女书文化所蕴含的人文关怀和价值观。女书强调平等自强的人性精神、开放包容的世界精神和疗愈和谐的生命精神等，这些价值观在当今世界具有普遍性。通过传达这些价值观，更易于满足国际女性受众的心理需求。例如，可以通过君子女的故事和角色来强调女性的自主性和坚韧性，树立女性奋斗的心理"灯塔"；也可以借助女书书法、女书女红等形式磨砺心性，帮助女性更好地疏解情绪等。

女书不仅具有跨文化传播的潜力，更是一种传递人文关怀和价值观的媒介，可以激发大众的内在力量，推动社会的进步。这一使命是充满希望和挑战的，需要不断的探索和努力，以搭建符合女性受众心理需求的女书跨文化传播方式，构建更加包容、和谐的世界。

总之，在一个多元文化并存的世界中，搭建符合国际受众文化需求和女性受众心理需求的传播方式至关重要。在多元文化并存的今天，更需要开放包容的心态。不同文化如同百花齐放，组成了人类文明的丰富图景。作为文化的传播主体，既要自信地展示民族文化的独特魅力，也要谦虚地倾听不同文明的声音。尤其是在进行跨文化传播时，必须考虑受众的差异，采取因地制宜、针对性强的传播策略。这需要持之以恒地理解、适应不同文化圈的特征。同时，传播的目的是要实现真正的文化交流，在交流中求同存异，达成文化的互鉴与共生。在交流互鉴中汇聚包容和谐之河，推动构建人类命运共同体，是需要世界各界共同努力的方向。

女书作为中国独特的非物质文化遗产，蕴含着丰富的文化内涵和艺术魅力。近年来，女书跨文化传播日益受到重视，并已初步构建起连接全球的桥梁，向世界展示了这一非物质文化遗产的独特魅力。然而，在推进女书跨文化传播的过程中也应该清醒地认识到，这既是一项系统工程，也是一项长期任务。

综上所述，为了有效促进女书的跨文化传播，需要在以下几个方面继续努力。第一，构建多元主体共治模式，打造女书全球化文化艺术经营 IP。这既需要政府发挥治理作用，又需要文化企业发挥市场优势，也需要社会力量与教育界大力支持。第二，传播女书的核心精神，塑造女书阳光形象。这既需要组织开展形式多样的学术交流活动，深入探讨女书的核心价值，并通过各类传播载体，将其转化为受众容易接受的阳光形象；又需要紧密结合当代社会发展需求，将女书核心精神与现代价值理念进行有效结合，增强对不同受众群体的亲和力和感染力。第三，拓展数字化传播载体，构造立体式传播矩阵。这需要建设数字资源库，打造数字博物馆和数字游戏等新型互动载体，实现女书传播方式的数字化升级。第四，推行差异化文化阐释，推动文化互鉴共生。这既需要根据不同文化圈的特征采取针对性的传播策略，满足国际受众的文化需求，也需要关注女性受众的心理需求，进行情感化的创作编码。

结　论

　　随着全球化和信息技术革命的快速推进，世界已进入文化交流互鉴的新阶段。在这个多元文化并存的时代，作为世界上现存唯一的女性文字，女书正焕发出璀璨的文化光彩，展现着女性的创造力与人文精神。

　　本书以女书为研究对象，运用文献资料法、田野调查法、深度访谈法、NVivo辅助质性分析法等多种研究方法，在对女书的起源及背景、文字符号、民俗文化、女性主义精神等进行全面阐释的基础上，以传播学家拉斯韦尔的"5W传播模式"为指导，从传播主体、传播内容、传播载体、传播受体四个维度，对女书的跨文化传播现状进行了调查与分析。研究发现，在传播主体方面，女书跨文化传播呈现以政府部门和教育界为主导，以社会力量和文化企业为辅助的多元格局；在传播内容方面，女书跨文化传播仍以文字和习俗等表层符号为主，而平等自强的人性精神、开放包容的世界精神和疗愈和谐的生命精神等深层次的女书核心精神也在一定程度上推动了女书的跨文化传播；在传播载体方面，以人际交流和实物展示为中心的国际学术交流、文艺展示、文化体验与教学、经贸活动、平面媒体等线下传播载体仍然是女书跨文化传播的主要载体，它与以自媒体为主体的线上传播载体相互融合，已初步构建起连接全球的女书传播桥梁；在传播受体方面，女书的跨文化传播受体遍及世界，普罗大众积极参与，其中，女性群体和教育界人士尤为重要。

　　在女书跨文化传播进程中，制约其发展的困境及相关对策如下。

　　就传播主体而言，政府部门、文化企业、社会力量、教育界等传播主体各自承担着不同的角色和职责，同时也面临着各自特有的困境和挑战；再者，经济效益才是推动女书可持续健康发展最为核心的要素，也是未来女书跨文化传播发展的重点。故而，建议构建以政府、文化企业、社会力量、教育界等多方参与的多元主体共治模式，共同助力打造女书全球化文化艺术经营 IP。

就传播内容而言，女书文字的规范化程度欠缺、脱离语境的符号解释困难以及女书核心精神的国际认知不足等困境都制约着女书的跨文化传播；再者，女书的核心精神才是女书文化最为本质的特征，也是未来女书跨文化传播推广的侧重点。故而，建议通过挖掘女书核心精神、创新活动设计、引用现代价值观、创造共鸣等方式传播女书核心精神，塑造女书阳光形象。

就传播载体而言，原始实物资料遗失、国际经贸活动规模不足以及互动式数字化信息载体单一等困境都限制着女书跨文化传播的发展；再者，线上的数字化传播才是符合时代发展趋势的方向，也是未来女书跨文化传播拓展的焦点。故而，建议通过建设多语种女书数字资源库、构建沉浸式女书数字博物馆、开发交互式女书数字游戏等方式拓展数字化传播载体，与线下传播载体协同构建立体式传播矩阵。

就传播受体而言，受体的文化理解与认同障碍以及受体的数量匮乏都是女书跨文化传播的阻碍。建议通过搭建符合国际受众文化需求和女性受众心理需求的传播方式，推行差异化文化阐释，推动文化互鉴共生。

本书拓展了女书的内涵与外延，结合了大量访谈素材，全面梳理和深入剖析了女书跨文化传播的现状与困境，在此基础上提出了针对性的改进建议，为女书的国际传播提供了一定参考。当然，女书跨文化传播是一个复杂的系统工程，后续既需要继续搜集相关资料，丰富研究素材，提高研究的系统性；还需要深入探讨女书跨文化传播的详细策略，增加其可操作性。

展望未来，女书这一独特的文化符号将以更加开放的姿态面向世界，在交流互鉴中绽放异彩。女书作为世界文明的瑰宝，定将为世界文化的繁荣与进步贡献其独特智慧。

参考文献

一、著作

[1] 赵丽明. 女书与女书文化 [M]. 北京：新华出版社，1995.

[2] 赵丽明. 中国女书合集 [M]. 北京：中华书局，2005.

[3] 宫哲兵. 妇女文字和瑶族千家峒 [M]. 北京：中国展望出版社，1986.

[4] 宫哲兵. 女性文字与女性社会 [M]. 乌鲁木齐：新疆人民出版社，1995.

[5] 赵丽明，宫哲兵. 女书：一个惊人的发现 [M]. 武汉：华中师范大学出版社，1990.

[6] 李庆福. 女书文化研究 [M]. 北京：人民出版社，2009.

[7] 谢明尧，赵丽明. 女书读本 [M]. 长沙：湖南人民出版社，2008.

[8] 谢志民. 江永"女书"之谜（上卷）[M]. 郑州：河南人民出版社，1991.

[9] 谢志民. 江永"女书"之谜（下卷）[M]. 郑州：河南人民出版社，1991.

[10] 谢明尧，贺夏蓉，李庆福，欧阳红艳. 女书习俗 [M]. 长沙：湖南人民出版社，2008.

[11] 周硕沂. 女书字典 [M]. 长沙：岳麓书社，2002.

[12] 李荆林. 女书与史前陶文研究 [M]. 珠海：珠海出版社，1995.

[13] 孙绍先. 女性主义文学 [M]. 沈阳：辽宁大学出版社，1987.

[14] 段连城. 对外传播学初探 [M]. 北京：五洲传播出版社，2004.

[15] 沈苏儒. 对外传播的理论与实践 [M]. 北京：五洲传播出版社，2004.

[16] 孙英春. 跨文化传播学导论 [M]. 北京：北京大学出版社，2008.

[17] 陈东原. 中国妇女生活史 [M]. 上海：上海文艺出版社，1990.

[18] 赵世瑜. 狂欢与日常：明清以来的庙会与民间社会 [M]. 上海：生

活·读书·新知三联书店，2002.

[19] 罗康隆. 文化适应与文化制衡 [M]. 北京：民族出版社，2007.

[20] 司马迁. 史记 [M]. 北京：中华书局，1959.

[21] 远藤织枝，黄雪贞. 女书的历史与现状：解析女书的新视点 [M]. 北京：中国社会科学出版社，2005.

[22] 尼葛洛庞帝. 数字化生存 [M]. 胡泳，范海燕，译. 海口：海南出版社，1996.

[23] 张京媛. 当代女性主义文学批评 [M]. 北京：北京大学出版社，1992.

[24] 凯特·米利特. 性的政治 [M]. 钟良明，译. 北京：社会科学文献出版社，1999.

[25] 罗伯特·K. 默顿. 社会理论和社会结构 [M]. 唐少杰，齐心，译. 南京：译林出版社，2006.

[26] 列夫·托尔斯泰. 人生论：人类真理的探索 [M]. 许海燕，译. 成都：四川人民出版社，1990.

二、论文

[1] 宫哲兵. 江永女书是甲骨文时代的古文字吗？ [J]. 零陵学院学报，2003 (1)：66.

[2] 谢志民. "女书"是一种与甲骨文有密切关系的商代古文字的孑遗和演变 [J]. 中央民族学院学报，1991 (6)：59－64.

[3] 潘慎，梁晓霞. 原始母系社会的文化：江永女书 [J]. 山西大学学报 (哲学社会科学)，2003 (4)：72－77.

[4] 刘守华. 湖南江永"女书"中的民间叙事文学 [J]. 民间文学论坛，1992 (3)：13－17.

[5] 祝翔. 数字化时代中国女书的保护与传承 [J]. 当代传播，2014 (4)：87－89.

[6] 黄梅荣，黄锋华. 数字媒体影像技术对女书的活态保护和开发应用初探 [J]. 大家，2010 (11)：83－84.

[7] 刘忠华. 江永：努力实现女书文化的可持续发展 [J]. 民族论坛，2008

(4)：63.

[8] 贺夏蓉. 论女书及女书文化的保护原则及其应用 [J]. 船山学刊，2010
（3）：60－63.

[9] 段圣君，龚忠玲. 女书图案设计与瑶族图案的联系 [J]. 艺术与设计
（理论），2008（4）：72－74.

[10] 周飞战. 稻作文化背景下的女书造型研究 [J]. 艺术教育，2008（4）：
126－127.

[11] 廖宁杰. 女书民歌的音乐特点 [J]. 艺术教育，2007（8）：84－85.

[12] 谭瑶. 湖南江永县“女书”音乐的传承与创新 [J]. 黄河之声，2015
（22）：82.

[13] 廖宁杰. 女书“坐歌堂”的仪式及音乐研究 [J]. 艺术评鉴，2017
（17）：22－23.

[14] 夏三鳌. 探析江永“女书”文化在原创动漫设计中的意义和价值 [J].
电影评介，2010（15）：25－28.

[15] 沈绍熙. 中国的女性文字研究 [J]. 中国语言研究，2003（16）：423－
444.

[16] 宫哲兵，刘自标. 女书与妇女文学 [J]. 湖南大学学报（社会科学
版），2000（1）：44.

[17] 宫哲兵. 论江永女书决非先秦古文字 [J]. 中南民族学院学报（人文
社会科学版），2001（6）：113.

[18] 谢志民.“女书”语法结构中的百越语底层 [J]. 民族语文，1992
（4）：16－24.

[19] 谢志民. 从“女书”刀币字看其在先秦的流传地域 [J]. 中南民族学
院学报（哲学社会科学），1993（3）：108－114.

[20] 宫哲兵. 女书时代考 [J]. 华中师范大学学报（人文社会科学），1992
（5）：59－63.

[21] 杨仁里. 江永女书发生期之我见：兼与宫哲学《女书研究二十年》“几
个学术结论”商榷 [J]. 零陵学院学报，2004（1）：201－203.

[22] 伦玉敏.“女书”起源研究的争鸣及其学术意义 [J]. 孝感学院学报，

2012（4）：86－90.

[23] 杨仁里，宋飞云. 女书存在于湖南江永县之原因浅探 [J]. 零陵师专学报，1992（4）：55.

[24] 陈其光. 五岭方言和女书 [J]. 民族语文，2004（5）：27－34.

[25] 宫哲兵. 女书：中国女性为自己创造的文字 [J]. 中国民族，2005（7）：31.

[26] 易叶舟. 世界唯一的女性文字：江永女书漫谈 [J]. 华夏文化，2008（3）：39.

[27] 汤宏建."女书"的传播学价值 [J]. 电影评介，2006（22）：89.

[28] 乐伶俐. 女书的教育解读 [J]. 湖南师范大学教育科学学报，2006（5）：80.

[29] 赵荣学. 保护女书文化的视角和策略：试谈江永妇女节日文化及歌舞习俗的传承 [J]. 湖南科技学院学报，2006（2）：31.

[30] 宫哲兵. 女书所反映的妇女生活 [J]. 中南民族学院学报（哲学社会科学版），1992（4）：46.

[31] 乐伶俐，莫社平. 论女书的德育功能 [J]. 船山学刊，2008（4）：63.

[32] 万建中. 狂欢：节日饮食与节日信仰 [J]. 新视野，2006（5）：92.

[33] 赵丽明. 另类汉字：女书 [J]. 科学中国人，2002（4）：25.

[34] 孙青."期待视野"与文学翻译中的"文化误读"[J]. 西南民族学院学报（哲学社会科学版），2002，23（9）：198.

[35] 鹿斌，周定财. 国内协同治理问题研究述评与展望 [J]. 行政论坛，2014（1）：84－89.

[36] 赵丽明. 传奇女书：花蹊君子女九簪 [J]. 全国新书目，2021（5）：29.

[37] 黄艳君. 5G 时代网络主流意识形态传播力提升路径研究 [D]. 重庆：重庆邮电大学，2022：20.

[38] 何华湘. 非物质文化遗产的传播研究 [D]. 上海：华东师范大学，2010.

[39] 纪军. 女书叙事诗与女性叙事 [D]. 武汉：华中师范大学，2004.

[40] 彭建华. 江永女书的民俗文化解读 [D]. 青海：青海师范大学，2008.

［41］贺夏蓉．多重视角下的女书及女书文化研究［D］. 武汉：华中师范大学，2011.

［42］郎丽．基于女书的文字设计研究［D］. 北京：中央美术学院，2007.

［43］冯继红．汉字文化圈西夏文、女书书法文化研究［D］. 北京：中央民族大学，2012.

［44］杨叶青．湖南江永女书的书法研究［D］. 长沙：湖南师范大学，2017.

［45］张樱．湖南江永"女书"音乐研究［D］. 武汉：武汉音乐学院，2006.

［46］宋欣．女书音乐的特征及"活态"传承［D］. 长沙：湖南师范大学，2018.

［47］廖静．基于女书文化的数字多媒体展示形式研究［D］. 长沙：湖南大学，2012.

［48］李云超．联机手写女书文字识别系统设计与实现［D］. 武汉：中南民族大学，2013.

［49］钟云萍．江永女书的法文化探析［D］. 湘潭：湘潭大学，2007.

［50］王鹏，孙茂松．Win32 平台下女书拼音输入法的设计与实现［A］. 第五届全国青年计算语言学研讨会论文集［G］，南京，2010：508－514.

［51］赵丽明．女书与汉字［A］. 赵丽明．奇特的女书：全国女书学术考察研讨会文集［G］，北京：北京语言学院出版社，1995：87.

［52］赵丽明．"女书"：一种特殊的妇女文学［M］//宫哲兵．妇女文字和瑶族千家峒．北京：中国展望出版社，1986：61－84.

［53］远藤织枝．亚洲汉字文化圈中的女性文字［M］//远藤织枝，黄雪贞．女书的历史与现状：解析女书的新视点．北京：中国社会科学出版社，2005：20.

［54］远藤织枝．女书创作中的抗日歌［M］//远藤织枝，黄雪贞．女书的历史与现状：解析女书的新视点．北京：中国社会科学出版社，2005：151.

［55］［法］埃莱娜·西苏．美杜莎的笑声［M］//张京嫒．当代女性主义文学批评．北京：北京大学出版社，1992：195.

［56］恩格斯．家庭、私有制和国家的起源［M］//马克思恩格斯选集（第4卷）．北京：人民出版社，1972：52.

[57] 何红一. 神秘图案与神秘文字: 女书 "八角花" 图案的文化破译 [M] //
    远藤织枝, 黄雪贞. 女书的历史与现状: 解析女书的新视点. 北京: 中
    国社会科学出版社, 2005: 164.

[58] JacquetRaphaël. Le nüshu: une forme de sous-culture féminine [J].
    Perspectives Chinoises, 1992, 3: 37—39.

[59] Silber, Cathy. Fro Daughter to Daughter-in-Law in theWoen's Script
    of Southern Hunan [J]. *Engendering China*, 1994: 47—68.

[60] cLaren, Anne. Woen's Voices and Textuality: Chastity and Abduc-
    tion in Chinese Nüshu Writing [J]. *Modern China*, 1996, 22 (4):
    382—416.

[61] Fan, Carol C. Language, Gender, and Chinese Culture [J]. *Internation-
    al Journal of Politics, Culture, and Society*, 1996, 10 (1): 95—114.

[62] Leung, Christie K. K. Woen Who Found a Way Creating a Woen's
    Language [J]. *Off Our Backs*, 2003, 33 (11/12): 40—43.

[63] Orgner C, Hu X, Ikeda, et al. Digital Heritage Politics fro the Per-
    spective of Relational Sociology: The Case of Nüshu Culture in China
    [J]. *International Review of Sociology*, 2022, 32 (2): 265—289.

[64] Yan He. Jiangyong "Woen's Script" in the Era of ICH [J]. *Asian
    Ethnology*, 2021, 80 (2): 367—390.

[65] Luo Wenbin, et al. Touris and Conserving Intangible Cultural Herit-
    age: Residents' Perspectives on Protecting the Nüshu Female Script
    [J]. *Journal of China Touris Research*, 2022: 20.

[66] WangJiangqing and Rongbo Zhu. Handwritten Nushu Character Rec-
    ognition Based on Hidden Markov Model [J]. *J. Comput*, 2010, 5:
    663—670.

[67] Gao YaJuan, WenTing Fang, Yang Gao, et al. Conceptual Frame-
    work and Case Study of China's Woanese Scripts used in Culture Prod-
    uct Design [J]. *Journal of Arts and Humanities*, 2008, 7/3: 57.

[68] CLaren, Anne, & Chen, Qin-jian. The Oral and Ritual Culture of

Chinese Woen: Bridal Lamentations of Nanhui [J]. *Asian Folklore Studies*, 2000, 59 (2): 205—238.

[69] 权龙采, 金泰完. 女书文字小考 [J]. 中国人文科学, 2009 (43): 203—222.

[70] 金殷嬉. 比较文字学的观点看中国的女书文字特征 [J]. 中国语文学论集, 2012 (73): 7—40.

[71] 张清远 (장청원). 여서 (女書) 문자를 통한 강영 (江永) 여성의 정체성 형성 연구: 여서로 개작된 문학작품을 중심으로 [J]. 중국학, 2020, 73: 501—524.

[72] Hvingelby, H. E. S. Sybols Ediate Gendered Oppression in Nushu and Hanzi Versions of a folktale: A Jungian Analysis [D]. Santa Barbara: Fielding Graduate University, 2009.

[73] Silber, Cathy. Nüshu (ChineseWoen's Script) Literacy and Literature [D]. Ann Arbor: University of Michigan, 1995.

[74] Liu, Fei-Wen. Woen Who de-silence Theselves: Ale-illegible Literature (Nüshu) and Feale-specific Songs (Nüge) in Jiangyong County, Hunan Province, China [D]. New York: Syracuse University, 1997.

[75] Hu, Xihuan. Studies on the Heritagisation of "Nüshu" in China: Heritage Discourses and Identity-aking [D]. Leicester: University of Leicester, 2021.

[76] 姜奇 (강기). 女書文字의 문화콘텐츠개발 및 활용방향 연구 [D]. 서울: 건국대학교 대학원, 2015.

[77] ZhongKunxia, eiling Zong, Zhengqin Guo, et al. Realization of Huan-Computer Interaction Functions in Virtual Reality [A]. 2009 International Conference on Research Challenges in Computer Science [G], Shanghai, 2009: 229—231.

[78] CindyGallois, et al. Counication Accommodation Theory [A] // Willia Gudykunst, ed. Theorizing about Intercultural Counication [G]. Thousand Oaks, CA: Sage, 2005: 136—138.